Thomas Klußmann und Christoph J. F. Schreiber

MAXIMALE
RENDITE

10 goldene Anlagestrategien,
die jeder Privatanleger kennen sollte

FINANZKONGRESS.DE

Inhalt

———

Vorwort

———

Liebe Finanzexperten und alle die es noch werden wollen,

früher hörten wir von unseren Eltern oft Sätze wie:

"Wenn du dein Geld sparst, wird es mehr" oder *"Bring' dein Geld zur Bank, dann bekommst du Zinsen".*

Doch gelten diese Weisheiten heute immer noch? Leider nein. Die Zeiten haben sich geändert und es wird in Zukunft immer schwieriger werden, sein Geld gewinnbringend anzulegen. Eine negative Variable hat sich in die Gleichung eingeschlichen: Die Inflation. Die sukzessive Entwertung unseres Geldes durch die Erhöhung des realen Preisniveaus. Fleißiges Sparen wird mit Negativzinsen bestraft. Den Traum vom großen Geld und einem sorgenfreien Leben können wir uns durch das Sparen auf den Banken also nicht mehr erfüllen. Vielmehr entsteht momentan eine seltsame Umkehrung der Verhältnisse:

Wir zahlen, weil wir sparen. Wir profitieren, wenn wir uns Geld leihen.

In den 70er Jahren fanden amerikanische Ökonomen das Prinzip der negativen Zinsen derart absurd, dass sie es in Seminaren zu volkswirtschaftlichen Themen nicht einmal erwähnten. Wir erleben also etwas, dass es historisch gesehen noch nie gegeben hat.

In der Vergangenheit erhielten wir eine Gegenleistung, wenn wir Geld verliehen haben. Genauso gab es Zinsen von der Bank, wenn wir dort Geld angelegt haben. Doch diese Regel gilt nicht mehr.

Das Sparbuch, des Deutschen liebstes Kind, war zwar noch nie der effektivste Weg, um sich ein Vermögen aufzubauen, aber nun hat es endgültig ausgedient. Wer sich wirklich ein Vermögen aufbauen und sich finanziell für die Zukunft absichern will, muss sich andere Wege suchen, um noch Renditen zu erwirtschaften.

Geld erfolgreich anzulegen ist schwieriger geworden, aber trotzdem nicht unmöglich. Wir behaupten, dass es für jeden eine Möglichkeit gibt, sich erfolgreich ein Vermögen aufzubauen - ob durch Investmentfonds, Immobilien, Edelmetalle oder Aktien - um nur einige der unzähligen Möglichkeiten zu nennen.

Den einen richtigen und sicheren Weg gibt es nicht. Die passende Strategie zu finden, ist von vielen Faktoren abhängig, beispielsweise von der Höhe des bereits vorhandenen Vermögens und dem Sicherheitsbedürfnis. Mit Investitionen gehen immer Risiken einher - deswegen ist es wichtig, die Risikobereitschaft individuell zu bestimmen, um die richtige Geldanlage zu finden.

Du möchtest finanzielle Erfolge erzielen, dich für die Zukunft absichern und dabei keine Angst haben, in den Bankrott abzurutschen? Wir zeigen dir anhand 10 goldene Regeln, wie du die "Maximale Rendite" erreichen kannst. Wir werden dir zeigen, wie du dein Vermögen nicht nur retten, sondern auch in Zeiten von Negativzinsen aktiv vermehren kannst. Und wir thematisieren Anlagemöglichkeiten, die von unseren Finanzexperten eher kritisch bewertet werden.

Bei diesem Buch handelt es sich nicht um ein theoretisch-wissenschaftliches Fachbuch, sondern es beinhaltet ausschließlich praxiserprobte Strategien, welche wir und/oder unsere Kunden für eigene unternehmerische Aktivitäten bereits mit Erfolg eingesetzt haben.

Habe bitte nicht den Anspruch, alle genannten Strategien umzusetzen – das würde dich zeitlich überfordern und du hättest nicht die Möglichkeit, dich voll auf die Strategien zu konzentrieren, die für dich am besten funktionieren. Schaue dir die Themen an, die wir dir vorstellen, picke dir die "Rosinen" raus und setze die einzelnen Methoden schrittweise um.

Aufgrund der breiten Auswahl und Tiefe der Strategien sind wir überzeugt, dass dieses Buch sowohl Einsteiger als auch Fortgeschrittene weiterbringen wird und sollte damit in den Händen jeder Person landen, die sich erfolgreich ihr Vermögen aufbauen will. Das Beste daran: Die Anleitungen sind so geschrieben, dass du sie ganz einfach nachvollziehen und umsetzen kannst.

Jetzt bist du gefragt: Möchtest du dir mit der richtigen Strategie ein Vermögen für die Zukunft aufbauen? Welche Geldanlage ist da die passende für dich? Wie kannst du es schaffen, aus deinem Kapital noch mehr zu machen?

Antworten auf diese Fragen sowie interessante Denkanstöße haben wir zusammen mit verschiedenen Autoren in den folgenden 10 Kapiteln herausgearbeitet. Wenn du tiefer einsteigen möchtest, sicher dir jetzt die Ninja Rente:

https://finanzkongress.de/rente

Worauf wartest du noch? Vielleicht wartet schon im ersten Kapitel die perfekte Geldanlage auf dich!

Dein Thomas Klußmann und Christoph J.F. Schreiber

„Diese 3 Ziele stehen beim Anlegen grundsätzlich immer in Konflikt: Sicherheit, Rendite und Liquidität."

Christoph J. F. Schreiber

CHRISTOPH J. F. SCHREIBER

Als Founder und CEO der Digital Beat GmbH und von Gründer. de hat Christoph J.F. Schreiber langjährige Erfahrung in den Bereichen Unternehmensführung und seinem Fachgebiet Online Marketing. Seit vielen Jahren beschäftigt er sich zudem intensiv mit den Themen Unternehmensaufbau und der Suche nach Geschäftsmodellen. Seine Erkenntnisse gibt er bei Coachings, Vorträgen und Events wie dem Gründerkongress oder Finanzkongress an Interessierte weiter. Durch seine eigenen Unternehmen hat Christoph Schreiber sich verschiedene Einkommensströme erschlossen. Ein Teil dieses Einkommens lässt er als Privatanleger passiv für sich arbeiten, dabei investiert er hauptsächlich in Aktien und Immobilien.

🌐 www.finanzkongress.de

Vermögensaufbau
Die Grundlagen

Wenn du dich finanziell absichern möchtest, wirst du um Geldanlagen nicht herum kommen. Dabei gelten andere Regeln als noch vor einigen Jahren: Das Geld einfach auf dem Konto liegen lassen und hoffen, dass es sich durch Zinsen von alleine vermehrt, ist die denkbar schlechteste Methode. Heute sieht das etwas anders aus: Wer sich ein Vermögen aufbauen möchte, muss aktiv etwas dafür tun und die richtige Anlagestrategie für sich wählen.

In diesem Kapitel wollen wir dir erklären, was beim Vermögensaufbau grundsätzlich beachtet werden sollte und wie du die richtige Anlagestrategie für dich findest.

ÜBERBLICK ÜBER DEINE FINANZEN SCHAFFEN

Die entscheidende Voraussetzung, damit du dir überhaupt mit Geldanlagen ein Vermögen aufbauen kannst, ist, dass du einen Einnahmenüberschuss hast, sprich: Du musst mehr Geld einnehmen als du ausgibst. Um dies gewährleisten zu können, musst du dir erstmal einen genauen Überblick über deine Finanzen schaffen. Wie viel gibst du jeden Monat für die Miete, den Sportverein, das Auto, Versicherungen, Shopping oder für deine persönliche

---

Weiterbildung aus? Dem gegenüber steht, wie viel du monatlich an Einnahmen erzielst.

Um das herauszufinden kann es hilfreich sein, ein Haushaltsbuch zu führen oder die rechtsstehende Checkliste auszufüllen, die wir dir hier zur Verfügung stellen.

Tipp: Wenn du es wirklich richtig machen und sicherstellen willst, dass du auch keinen Punkt vergessen hast, solltest du deine Kontoauszüge des letzten Jahres durchgehen.

Jetzt hast du einen guten Überblick darüber, wo du gerade stehst. Im nächsten Schritt wird auf beiden Seiten optimiert, sowohl bei den Einnahmen als auch bei den Ausgaben.

Die Ausgaben

Bei den Ausgaben kannst du meistens mehr optimieren als du vielleicht denkst. Besonders wenn du dir deine laufenden Versicherungen anschaust - brauchst du die wirklich alle? Oft schließen wir Zusatzpolicen in einem Komplettpaket ab, die wir überhaupt nicht brauchen - und das geht mit einer Zeit ganz schön ins Geld. Zudem solltest du bei den Versicherungen, die du brauchst, prüfen, ob du sie bei einem anderen Anbieter nicht günstiger kriegst. Hier gibt es zahlreiche Internetportale, mit denen sich Versicherungen vergleichen lassen und du dir so das beste Angebot aussuchen kannst.

Auch Abonnements von Zeitschriften oder Mitgliedschaften in Sportvereinen sollten genauer angeschaut werden. Gehst du noch zum Sport? Liest du die Zeitschrift wirklich oder reicht es aus, wenn du sie dir dann holst, wenn du Lust hast zu lesen?

Im Alltag lassen sich ebenfalls viele Kosten sparen. Beim Einkaufen im Supermarkt kannst du beispielsweise zu den Eigenmarken greifen, anstatt das teure Markenprodukt zu kaufen. Diese sind oft genauso gut, kosten aber nur die Hälfte.

Checkliste Private-Einnahmen-Ausgaben-Rechnung

1. Einnahmen

Art der Einnahmen

	Monatlich	¼ Jährlich	Jährlich
Nettogehalt von:			
Nettogehalt von:			
Rente DRV von:			
Rente DRV von:			
Rente aus Lebensversicherung von:			
Rente aus Lebensversicherung von:			
Mieteinnahmen			
Zinserträge			
Sonstiges			
GESAMT			

2. Ausgaben

Art der Ausgaben

	Monatlich	¼ Jährlich	Jährlich
Miete einschließlich Nebenkosten			
Strom, Gas, Wasser			
Telefon			
Zeitung, Rundfunk			
Kfz - *laufenden Kosten*			
- Versicherung			
- Steuer			
Rentenversicherung			
Kranken- und Pflegeversicherung			
Unfallversicherung			
Lebensversicherung			
Haftpflichtversicherung			
Sachversicherungen			
Lebensunterhalt			
Urlaub			
Kleidung			
Kapitaldienst (Zins und Tilgung)			
Unterhaltsverpflichtungen			
Private Steuern			
Sonstige laufende Ausgaben			
GESAMT			

3. Frei verfügbar

GESAMT			

Wenn du in der Mittagspause oft essen gehst, kann das auch ordentlich ins Geld gehen. Koche also lieber am Abend vor, sodass du am nächsten Tag dein Mittagessen schon dabei hast und nimm dir deinen Kaffee von zuhause mit, anstatt einen zu kaufen. Oft sind es die kleinen Ausgaben, die am Ende das große Ganze ausmachen.

Auch bei der Zahlungsmethode kannst du deine Gewohnheiten optimieren und so Geld sparen. Wenn du immer abwechselnd mal mit EC-Karte, dann mit Kreditkarte und ein anderes Mal mit Bargeld zahlst, verlierst du schnell den Überblick darüber, wie viel du am Ende ausgegeben hast. Vielen Menschen hilft es, wenn sie ihre Einkäufe ausschließlich mit Bargeld bezahlen. Wenn du dein Geld, bevor du es ausgibst, in der Hand hältst, bekommst du ein ganz anderes Gefühl von dem Wert und wieviel du gerade ausgibst. Hier kann es auch helfen, wenn du dir eine kleine Merkhilfe ins Portemonnaie legst. Beispielsweise einen Zettel mit der Aufschrift "Brauche ich das jetzt wirklich?".

Die Einnahmen

Wichtig ist neben der Ausgabenseite aber auch die Einnahmen zu optimieren. Schließlich bringt dir das ganze Kosteneinsparen am Ende nur wenig, wenn die Einnahmen nicht stimmen.

Die offensichtlichste Möglichkeit, mehr Einnahmen zu generieren, ist, deinen Vorgesetzten um eine Gehaltserhöhung zu bitten. Da eine solche Frage oft zu einer schwierigen Diskussion werden kann, solltest du dich gut auf das Gespräch vorbereiten. Zuerst musst du dir natürlich überlegen, warum du mehr Gehalt verdient hast: Machst du viele Überstunden? Ist deine Position für die Firma sehr wertvoll? Hast du bisher immer gute Leistungen geliefert? Das alles sind Punkte, die für eine Gehaltserhöhung sprechen können.

Eine andere Möglichkeit kann ein Nebenjob oder eine Freelancer-Tätigkeit neben deinem Job sein. Das muss zum einen natürlich mit deinem Chef abgesprochen werden, zum anderen sollte dich die zusätzliche Arbeit nicht zu sehr belasten.

Wenn beides kein Problem darstellt, überlege dir also, was du besonders gut kannst und wobei du am besten noch Spaß hast. Kannst du gut schreiben? Dann verfasse als Freelancer Artikel, beispielsweise für Magazine. Bist du handwerklich gut aufgestellt? Dann übernimm einige Aufträge im Bekanntenkreis und schaue, ob sich daraus nicht ein Geschäft entwickeln kann.

Zudem kannst du dir überlegen, ob du in einem speziellen Themenbereich besonders viel Wissen hast. Ist das der Fall, kannst du dieses Wissen gut in Form von Webinaren oder ähnlichen Formaten weitergeben. Hier hast du zusätzlich die Möglichkeit, dir dein eigenes digitales Business mit passiven Einkommen aufzubauen.

Wenn du beide Seiten optimiert hast, ist die entscheidende Basis gelegt und du erzielst jeden Monat einen Einkommensüberschuss.

DIE WICHTIGSTEN FAKTOREN DER GELDANLAGE

Ein Haus bauen, eine Weltreise machen, den Kindern eine gute Ausbildung ermöglichen oder fürs Alter vorsorgen - es gibt etliche Gründe, die für das Anlegen deines Geldes sprechen. Gerade in Zeiten des Niedrigzinses ist es aber nicht mehr so leicht, sich für eine geeignete Methode zu entscheiden.

Besonders drei Ziele, die bei der Geldanlage im Fokus liegen, stehen grundsätzlich immer im Konflikt: Sicherheit, Rendite und Liquidität. Leider gibt es kein Anlageinstrument, welches allen drei Zielen gleichermaßen gerecht wird. Es muss also immer abgewogen und im besten Fall eine gute Balance der drei Faktoren gefunden werden.

Die Sicherheit gibt an, wie hoch das Risiko ist, welches man beim Anlegen des eigenen Kapitals eingeht. Wie hoch ist das Risiko, einen Teil des eingesetzten Kapitals zu verlieren oder nur weniger Geld zu gewinnen als geplant?

Das Girokonto und das Tagesgeld sind zwei Varianten, die eine hohe Sicherheit versprechen. Du kannst sofort auf dein Geld zugreifen und die Wahrscheinlichkeit, es zu verlieren, ist sehr gering. Allerdings wirst du damit so gut wie keine Rendite einfahren, da die Zinsen hier weniger als 1 % betragen.

Bei einer Festgeldanlage sind die Zinsen höher als auf dem Tageskonto und es ist ebenfalls eine sehr sichere Anlageform. Der Nachteil hier ist nur, dass du auf eine hohe Verfügbarkeit verzichten musst. Je nach Anlagedauer kannst du in dieser Zeit nicht auf dein Geld zugreifen.

Grundsätzlich lässt sich sagen: Je höher die Chance auf Rendite, desto höher auch das Risiko. Hier musst du bei jeder Geldanlage also genau hinschauen und abwägen, ob sie dir das Risiko wert ist.

Die Rendite gibt die Höhe des Gewinns an, welcher aus einer Geldanlage hervorgeht. Je nach Anlage lässt sich der zu erwirtschaftende Gewinn bereits von Anfang an berechnen.

Bei Aktien als Geldanlage lässt sich die Rendite vorher zwar nicht bestimmen, jedoch ist das Renditepotenzial hier sehr hoch. Wer also in Aktien investiert hat die Chance, einen hohen Gewinn einzufahren, muss aber auf den Faktor der Sicherheit verzichten. Aktienkurse unterliegen immer Schwankungen und so kann es immer zu einem Einbruch des Kurses und zu Verlusten kommen.

Die Verfügbarkeit deines Geldes ist bei Aktien ebenfalls sehr hoch, allerdings sollte das bei einem Investment in Aktien nicht im Mittelpunkt stehen. Du solltest nur das Geld in Aktien investieren, auf das du kurz- oder mittelfristig gut verzichten kannst.

Auch Immobilien sind eine gute Möglichkeit, um hohe Renditen einzufahren. Die Sicherheit eines Investments in Immobilien lässt sich auch als relativ hoch einstufen, da du hier immer noch eine Immobilie als Sachwert besitzt, auch wenn der Immobilienwert mal ins Schwanken kommt. Auf die Liquidität musst du bei Immobilien allerdings verzichten, da sich diese nicht so schnell zu einem angemessenen Preis verkaufen lassen.

Auch hier gilt wieder: Je höher die Renditechance, desto höher das Risiko. Bei Aktien und Immobilien sind die Renditechancen höher als bei verzinsten Produkten, dafür können sie aber auch an Wert verlieren.

Um dein Geld überhaupt anlegen zu können, solltest du über gewisse Liquidität verfügen. Diese gibt die Verfügbarkeit deines Geldes an: Wie schnell kannst du auf dieses zugreifen? Bei sehr liquiden Anlagen ist die Rendite meistens nicht besonders hoch. Wenn du also schnell wieder auf dein Geld zurückgreifen musst, kannst du mit geringeren Gewinnen rechnen. Lohnenswerter ist es also, wenn du dein Geld längerfristig entbehren kannst, umso höhere Rendite verdienen zu können.

Steht bei dir aber die Liquidität an erster Stelle, sind Girokonten, Tagesgelder und Aktien gute Anlagemöglichkeiten. Wie schon vorher erwähnt musst du bei Girokonten und Tagesgeldern aber auf Renditen verzichten, da diese so gut wie keine abwerfen. Bei Aktien musst du neben den hohen Renditen und der sofortigen Verfügbarkeit aber auch ein hohes Risiko eingehen, wenn du in diese als Anlagestrategie investieren möchtest.

MIT GELDANLAGEN ZU PASSIVEM EINKOMMEN

Für viele ist beim Geldanlegen das Ziel, sich ein passives Einkommen aufzubauen. Unter passivem Einkommen wird das Geld definiert, welches du erhältst, ohne dafür aktiv arbeiten zu müssen. Aktives Einkommen ist demnach, wenn du eine 40 Stunden Arbeitswoche hast und so deine Zeit gegen Geld eintauschst. Beim passiven Einkommen musst du oftmals in der ersten Zeit viel Arbeit investieren, um dann irgendwann durch automatisierte Prozesse regelmäßig ein passives Einkommen zu generieren - auch wenn du nicht mehr aktiv dafür arbeitest.

Klassische Beispiele, um sich ein passives Einkommen aufzubauen, ist der Verkauf von Büchern oder E-Books. Diese werden einmal geschrieben und dann immer weiter verkauft, sodass du immer wieder neues Einkommen generierst.

Natürlich kannst du dir aber auch durch Investments ein passives Einkommen aufbauen. Denn nicht nur mit Arbeitskraft, sondern auch mit Kapitaleinsatz kannst du passiv Einnahmen generieren. Hier ist der aufwendigste Schritt, die richtige Kapitalanlage zu finden. Hast du diese aber einmal gefunden, kannst du dir langfristig ein stetiges Einkommen verdienen.

Ein Beispiel ist das Investment in Immobilien. Hier hast du zum einen den Vermögenswert der Immobilie und zum anderen kannst du dir durch die regelmäßigen Mieteinnahmen ein passives Einkommen aufbauen.

Eine weitere Einkommensquelle sind Aktien und Anleihen. Wenn du Aktien eines sehr erfolgreichen Unternehmen mit steigenden Gewinnen in deinem Depot hast, kannst du mit hohen und stetig wachsenden Einkommensströmen rechnen.

Das sind zwei Möglichkeiten, wie du dein Geld anlegen kannst. Wenn du mehr über das Thema passives Einkommen erfahren willst, solltest du auf Gründer.de vorbeischauen. Hier kannst du dir das Buch "Geld verdienen im Internet" kostenlos bestellen. Du übernimmst lediglich die Produktions- und Versandkosten. In diesem erfährst du alles über den Mythos "automatisiertes Einkommen" und mit welchen Methoden du wirklich im Internet Geld verdienen kannst. Eine weitere Empfehlung zum Thema passives Einkommen ist das Buch "Kickstart: Passives Einkommen". Darin erfährst du die Geschichten von acht Menschen, die es dank des Kickstart Coachings geschafft haben, sich ein passives Einkommen mit ihrem Business aufzubauen.

Bevor du dich für eine der zahlreichen Investmentmöglichkeiten entscheidest, solltest du erstmal mit einer Bestandsaufnahme deiner Finanzen starten.

WELCHE ANLAGEFORM PASST ZU MIR?

Bevor du dich nun für eine Anlagestrategie entscheidest, solltest du wissen, dass du nie auf lediglich eine Strategie setzen solltest. Wie vorher schon erwähnt: Du wirst nie alle drei Faktoren der Geldanlage, Sicherheit, Rendite und Liquidität, gleich gut abdecken können. Bei jeder Art der Anlage gibt es immer einen Faktor, der nicht so stark berücksichtigt werden kann. Deswegen ist es wichtig, nicht nur auf eine Anlagestrategie, sondern auf mehrere zu setzen.

Wenn du dein ganzes Geld nur auf eine Strategie setzt, gehst du ein höheres Risiko ein, mit dieser Verluste zu machen. Wenn du aber dein Geld aufteilst, reduzierst du das Risiko auf Verluste und erhöhst gleichzeitig sogar deine Renditechancen.

Hier gibt es drei verschiedene Möglichkeiten, wie du dein Kapital diversifizieren kannst.

Zum einen kannst du auf unterschiedliche Assetklassen setzen. Mit zu den wichtigsten Assetklassen gehören beispielsweise Aktien und Immobilien.

Zum anderen gibt es die Diversifikation nach Ländern. Hier hast du den Vorteil, dass du weltweit von positiven Entwicklungen profitieren kannst und nicht nur von deutschen Aktien.

Die dritte Diversifikation ist nach Branchen. Profis streuen hier ihre Anlagen in mindestens fünf verschiedene Branchen. So zum Beispiel in Energie, Technologie und Gesundheit. Der Vorteil ist auch hier eindeutig: Erleidet eine Branche einen massiven Rückschlag, hast du noch vier weitere, mit denen du Gewinne erwirtschaften kannst.

In welche Anlagen du investieren solltest, hängt stark davon ab, wie risikobereit du bist. Wie viel Kapital du bereit bist zu investieren, hängt von vielen verschiedenen Faktoren ab, beispielsweise wie viel Zeit, Einkommen und Gesamtvermögen du zur Verfügung hast.

Was den zeitlichen Faktor betrifft gibt es drei Anlagehorizonte, zwischen denen du wählen kannst. Die Wahl des Horizontes ist abhängig davon, wie lange du dein eingesetztes Kapital entbehren kannst.

Kurzfristige Anlage: Wenn du beispielsweise auf ein Auto sparst, welches du dir nächstes Jahr zulegen willst, ist dein Anlagehorizont eher kurz ausgelegt. Hier stehen die Verfügbarkeit und Sicherheit im Vordergrund. In den Hintergrund tritt hier demnach die Rendite.

Mittelfristige Anlage: Bei der mittelfristigen Anlage investierst du dein Geld für ein paar Jahre, beispielsweise wenn du weißt, dass du in fünf Jahren dein Haus renovieren möchtest und dafür einen bestimmten Betrag brauchst. Hier solltest du auf ein ausgewogenes Verhältnis von Sicherheit, Rendite und Liquidität achten. Auch hier solltest du auf Anlagen verzichten, die stark schwanken können.

Langfristige Anlage: Möchtest du langfristig anlegen, kommen für dich auch Investments in Frage, die möglichen Schwankungen ausgesetzt sind. Schließlich hast du noch genug Zeit, um diese auszusitzen und auf eine positive Entwicklung zu warten. Das hat den Vorteil, dass auf längere Zeit eine hohe Rendite möglich ist. Ideal sind sie, wenn du das Ziel hast, fürs Alter vorzusorgen oder für die Bildung deiner Kinder zu sparen.

Der Anlagehorizont ist somit ein Faktor, den du bei der Wahl deiner Investments beachten solltest. Ein anderer Faktor ist, wie vorhin kurz erwähnt, deine Risikobereitschaft.

Hier wird ebenfalls zwischen drei verschiedenen Anlegertypen unterschieden.

Sicherheitsorientierte Anleger: Bei diesem Anlegertyp steht der Kapitalerhalt im Vordergrund. Deswegen ist er nicht bereit, ein großes Verlustrisiko einzugehen. Er ist nicht darauf aus, eine besonders hohe Rendite einzufahren, weswegen er meistens auf festverzinste Sparanlagen setzt. Meistens setzt er auf eine langfristige Anlage, mit der er gut Geld für die Zukunft sparen kann.

Risikobewusste Anleger: Dieser Anleger wünscht sich eine Rendite, die über dem sicheren Zinsniveau liegt. Er wägt also seine Entscheidungen bezüglich Risiko und Rendite genau ab, da er weiß, dass eine gute Rendite nur mit einem gewissen Grad an Risiko möglich ist. Ihm geht es darum, dass sein Geld wirklich für ihn arbeitet und er so am Ende eine gute Rendite erwirtschaften kann. Schwankungen in der Entwicklung seines Vermögens beunruhigen ihn nicht, da sein Geld langfristig angelegt ist und sich so wieder nach oben entwickeln kann.

Als Anlagen kommen hier Aktien, Aktienfonds oder für vermögende Anleger auch Immobilien in Frage.

Spekulative Anleger: Bei dem spekulativen Anlger dreht sich alles um eine möglichst hohe Rendite. Anlagen mit erhöhtem Risiko werden daher bevorzugt. Er ist sehr offensiv unterwegs, beobachtet den Markt genau und schichtet seine Anlagen regelmäßig um, sollte es mal nicht so gut laufen. Sicherheiten haben bei ihm keine hohe Priorität, Verluste werden in Kauf genommen. Durch sein gutes Auge und die Marktbeobachtung fallen diese aber meist geringer aus.

Risikobereitschaft lässt sich allerdings nicht nur rein an den drei Anlegertypen festmachen. Beachte immer, dass Risikobereitschaft subjektiv ist. Wer schon einmal hohe Geldbeträge an der Börse verloren hat, wird in Zukunft vorsichtiger mit seinem Geld umgehen und Sicherheiten anders bewerten als jemand, der noch keine hohen Verluste zu verzeichnen hatte. Nimm dir also bei der Wahl deiner Anlagestrategie genügend Zeit und überlege, was deine Ziele sein sollen, um dein Vermögen so aufzubauen, dass es deinen persönlichen Präferenzen entspricht.

LEGE DIR EINE NOTFALLRESERVE ZU

Bevor du anfängst, dein Geld zu investieren, ist es besonders wichtig, dass du eine Notfallreserve an Kapital zur Seite legst. Denn wenn du dir auf lange Sicht ein Vermögen aufbauen willst, musst du kontinuierlich investieren.

Jedoch kann es immer sein, dass es zu finanziellen Engpässen kommt. Die Auslöser können hier unterschiedlich sein, beispielsweise wenn hohe Reparaturkosten für dein Auto anfallen, du arbeitslos wirst oder wenn du eine längere Zeit krank bist.

Um hier finanziell nicht völlig aus der Bahn geworfen zu werden, solltest du eine Notfallreserve anlegen. Von den meisten Experten wird empfohlen, mindestens drei Netto-Monatsgehälter zurückzulegen, um dich wirklich abzusichern. Diese solltest du am besten nicht auf deinem normalen Giro-Konto ablegen, da du sonst keinen guten Überblick über deine Reserve hast. Hier bietet sich eher ein Tagesgeldkonto an.

„Beim Frugalismus geht es darum, nur Geld für Dinge auszugeben, die einem wirklich Freude bereiten."

Valentina Dapunt

VALENTINA DAPUNT

Die 23-jährige Österreicherin Valentina ist am Ende ihres Medizinstudiums. Außerdem hat sie ein paar Nebenjobs und ist selbstständig mit ihrem YouTube-Kanal, Instagram-Account und Blog über Frugalismus und Finanzielle Freiheit. Während sie früher als „Shoppingqueen" viel konsumiert hat, investiert Valentina ihr Geld nun gewinnbringend und strebt die finanzielle Freiheit an. Unter „minimal frugal" gibt sie Tipps zum Thema Ausgaben reduzieren, mehr Geld verdienen und berichtet über Möglichkeiten, sein Geld anzulegen. Sie zeigt, dass sich Geld sparen auch mit einem erfüllenden und freudvollen Leben vereinbaren lässt.

🌐 www.minimalfrugal.com/blog

📷 @minimal_frugal

Finanzielle Freiheit durch Frugalismus

Ein Interview mit Valentina Dapunt

Wenn du den Begriff "Frugalismus" liest und dich nie intensiv mit Finanzthemen oder Sparmaßnahmen beschäftigt hast, kannst du dir wahrscheinlich schwer etwas darunter vorstellen. Dass sich dieses Finanzkonzept jedoch ideal eignet, um maximale Rendite zu erreichen, beweist Valentina Dapunt. Die Österreicherin hat es mit nur 23 Jahren durch Frugalismus zum Vermögensaufbau geschafft. Dabei liegt ihr beruflicher Hauptfokus eigentlich auf dem Beenden ihres Medizinstudiums. Doch mit ihrer Überzeugung und Begeisterung baute sich die Tirolerin nebenbei eine erfolgreiche Selbstständigkeit als Frugalismus-Expertin auf. Dabei bietet sie auf ihrem Blog (minimalfrugal.com), ihren Social Media-Kanälen (Instagram: @minimal_frugal) und in diversen Fachartikeln vielseitige Informationen und Tipps über Finanzen, finanzielle Freiheit und die Funktionsweise des Frugalismus an.

VON DER SHOPPING QUEEN ZUR FRUGALISTIN

Der erste Kontakt zum Finanzkonzept Frugalismus entstand für Valentina allerdings durch ein komplett gegensätzliches Verhalten. Denn sie war bei Freunden und Verwandten als "Shopping Queen" bekannt und besuchte damals viele Städte, nur um dort einkaufen zu können. Gleichzeitig sparte sie jedoch auch für ein

---

erstes eigenes Auto und bemerkte kurz vor ihrem Ziel plötzlich, dass sie eigentlich gar kein eigenes Auto braucht. Sie musste nämlich keine weiten Strecken zurücklegen und konnte die öffentlichen Verkehrsmittel nutzen. Also entschloss sich Valentina gegen den Kauf und bemerkte das positive Gefühl durch das vorhandene finanzielle Polster auf der Bank.

Doch gleichzeitig tauchte die Frage auf, wofür genau sie dieses Geld nun verwenden sollte und wie es möglich wäre, ein noch größeres finanzielles Polster zu generieren. Eines Tages stieß sie dann zufällig auf ein Video über Frugalismus. Der Begriff lässt sich aus dem lateinischen Wort „frugalis" herleiten, was einfach, sparsam, genügsam oder auch bescheiden bedeutet. Das Ziel des Frugalismus ist es, finanzielle Freiheit zu erreichen und damit nicht vom Arbeitgeber, Staat, dem Partner oder von den Eltern finanziell abhängig zu sein. Dafür gibt es bestimmte Strategien, die sich rund um das Thema Sparen, Investieren und ein bestimmtes finanzielles Mindset drehen. Und in diesem Moment ahnte Valentina, dass sich diese Finanzstrategie perfekt für sie eignet. Denn so ließen sich die finanzielle Freiheit plus der Fokus auf die wichtigen Dinge des Lebens verbinden. Würde sie nämlich theoretisch weiterhin jeden Monat ein bisschen sparen und dieses Geld dann investieren, könnte sich der Traum von der finanziellen Freiheit schneller erfüllen.

DIE GRUNDPRINZIPIEN DES FRUGALISMUS

Doch für diesen Weg war es nötig, zunächst die Grundprinzipien des Frugalismus zu verinnerlichen. Denn grundlegend solltest du beim Frugalismus die Ausgaben hinterfragen, um unnötige Kosten zu streichen. Dabei geben Frugalisten nur Geld für Dinge aus, die ihnen wichtig sind und auch wirklich Freude bereiten. Durch dieses Prinzip entsteht automatisch eine gewisse Sparquote und die Einnahmen übersteigen die Ausgaben. Zusätzlich gibt es dabei verschiedene Strategien, um die Differenz zwischen den Einnahmen und Ausgaben noch zu erhöhen. Letztendlich bleibt für dich so jeden Monat eine fixe Summe übrig, die sich investieren lässt, um die finanzielle Freiheit zu erreichen. Wichtig für Valentina ist dabei die Tatsache, dass Frugalisten nicht faul sind und nie mehr arbeiten möchten. Sondern sich einfach die Möglichkeit schaffen, mehr Entscheidungsfreiheit zu besitzen und damit auch die Kontrolle über die eigene Zeit zurückgewinnen, indem sie sich selbst Schwerpunkte im Alltag setzen.

SO LÄSST SICH DAS HÖCHSTE SPARPOTENZIAL ERKENNEN

Um das höchste Sparpotenzial im Alltag zu erkennen, lohnt sich zunächst der Blick auf die größten Ausgaben der Deutschen und Österreicher. Denn dort stehen die Miete, das eigene Auto, zudem das Konsumverhalten sowie Versicherungen ganz oben. Genau dort solltest du als Einsteiger ansetzen und dir diese Ausgaben ganz genau anschauen. Dabei hilft es zum Beispiel, unnötige Abonnements zu kündigen oder aber sich beim Wohnraum zu verkleinern und dementsprechend dann auch weniger Miete zu bezahlen.

Wenn du dann beispielsweise statt 1000 Euro pro Monat nur noch 600 Euro bezahlst, kannst du dir monatlich schon 400 Euro beiseite legen und dieses Geld wiederum investieren. Auch beim Auto verbirgt sich ein hohes Sparpotenzial. Denn durch eine Wohnung, die sich näher am Arbeitsplatz befindet, lassen sich mehrere hundert Euro pro Jahr einsparen. Hinzu kommen Foodsharing-Angebote oder Kleidertausch-Partys, die dann nicht nur Kosten sparen, sondern auch nachhaltig sind. Vielleicht hast du auch in der Vergangenheit eine Versicherung abgeschlossen, die du gar nicht mehr brauchst. Wer dort die Preise vergleicht und unnötige Versicherungen kündigt, kann seine zusätzlichen Ausgaben verringern.

SPAREN IST ÜBUNGSSACHE

Diese Tipps hören sich vielleicht zunächst nach einem großen Verzicht an, doch Valentina kann dort eine Entwarnung geben. Denn wenn für dich einmal die Grundprinzipien klar sind bzw. das Sparpotenzial erkannt wurde, klappt das Sparen mit ein bisschen Übung nach wenigen Wochen fast automatisch. Außerdem fiel Valentina schon bei ihrem Einstieg in den Frugalismus auf, dass ihr vorheriger Konsum meistens keinen bestimmten Grund hatte und sie sich deshalb auch schnell darauf verzichten konnte. So geht es laut Valentina vielen Menschen, die oftmals nur aus Frust oder Langeweile einkaufen. Sobald sie diese Tatsache erkennen, fällt die Umstellung viel leichter. Wichtig ist dabei, dass du als Frugalist nicht nur zuhause sitzen sollst, um Ausgaben einzusparen. Sondern dass du eher den Fokus auf die wirklich wichtigen und schönen Dinge des Lebens lenkst. Wenn also die Wohnung weniger Quadratmeter hat und sich dadurch die Reinigungszeit verringert, bleibt mehr Freizeit übrig.

DIE SPEZIFISCHEN VORTEILE DES FRUGALISMUS

Einer der spezifischen Vorteile des Frugalismus hat sich für Valentina besonders in Krisenzeiten offenbart. Denn dort müssen viele Arbeitnehmer plötzlich mit weniger Geld auskommen und ihr vorhandenes Budget neu einteilen. Weil Frugalisten jedoch schon grundsätzlich weniger Ausgaben haben und auch bewusster konsumieren, stellt eine Krisensituation keine große Umstellung dar. Somit wird klar, dass sich diese Strategie durch ihre Flexibilität und Anpassungsfähigkeit auszeichnet.

Außerdem entdeckte Valentina auch schnell einen großen Vorteil für ihre Selbstständigkeit. Dadurch, dass sie nur geringe Ausgaben hat, konnte sie schneller von ihren eigenen Projekten leben. Für deine mögliche Selbstständigkeit kann dir der Frugalismus somit einen erheblichen Druck abnehmen, da du weißt, dass auch ein kleines Budget für die nötigsten Ausgaben ausreicht.

Auch bei den Investitionen selbst zeigt sich laut Valentina ein erheblicher Vorteil des Frugalismus. Denn auch dort gilt es, seine Käufe zu hinterfragen und nicht blind hohe Summen auf eine einzige Aktie zu setzen.

HOHE EINNAHMEN BESCHLEUNIGEN DEN VERMÖGENSAUFBAU

Wenn du dich für den Frugalismus entscheidest und damit einen Vermögensaufbau anstrebst, solltest du jedoch den Faktor Einnahmen nicht unterschätzen. Denn Valentina weiß, dass sich irgendwann keine Ausgaben mehr einsparen lassen. Niemand kann schließlich mehr sparen als er verdient. Somit sollten an diesem Punkt die Einnahmen in den Fokus rücken. Und das bedeutet, dass sich deine Einnahmen vergrößern müssen, um mehr Geld zu sparen und letztendlich für den Vermögensaufbau investieren zu können. Deshalb rät Valentina dazu, zum Beispiel die beruflichen Einnahmen zu hinterfragen. Dabei könnte es sinnvoll sein, mit dem Chef über das aktuelle Gehalt zu verhandeln oder den Arbeitgeber zu wechseln.

Eine weitere Möglichkeit für höhere Einnahmen sind Weiterbildungen, um durch mehr Wissen bei z.B. Gehaltsverhandlungen besser abschneiden zu können. . Wer sich kontinuierlich weiterbildet und sich ganz neue Fähigkeiten aneignet, kann dieses Wissen dann sogar für eine eigene Selbstständigkeit nutzen, um noch freier zu arbeiten. Valentina sieht das Ziel der finanziellen Freiheit auch als Prozess an, der sich beschleunigen lässt, wenn die Einnahmen möglichst hoch sind.

DIE ZEITSPANNE BIS ZUM VERMÖGENSAUFBAU

Eine wichtige Frage, die du dir als Einsteiger sicher stellst, betrifft die Zeitspanne bis zum ersten richtigen Spareffekt und Vermögensaufbau. Diesen ersten Effekt definiert Valentina mit der Summe von 10.000 Euro. Denn der Unterschied zwischen 0 und 10.000 Euro auf deinem Konto ist für den Anfang besonders eindrucksvoll und mit dieser Summe kannst du bei geringen Ausgaben schon einige Monate auskommen. Eine exakte Jahreszahl bis zu diesem Vermögensaufbau lässt sich allerdings nicht nennen, da diese von der eigenen Sparquote abhängt. Denn wer zum Beispiel 50 Prozent seiner Einnahmen pro Monat spart, kann laut Valentina in ca. 17 Jahren seine finanzielle Freiheit erlangen. Diese Zahl ist dabei nur ein Richtwert und orientiert sich an fünf Prozent Rendite des Gesamtvermögens pro Jahr. Wenn du hingegen bis zu 80 Prozent deiner Einnahmen einsparst, kann sich diese Jahreszahl auch auf fünf bis sieben Jahre reduzieren. Somit sollte das Ziel sein, eine maximal hohe Sparquote zu besitzen, um die Gesamtdauer möglichst klein zu halten.

VERMEIDBARE FEHLER DES FRUGALISMUS

Auch wenn sich der Einstieg in den Frugalismus vergleichsweise leicht umsetzen lässt, können im Alltag verschiedene Fehler bei der Anwendung entstehen. Dazu gehört zum Beispiel, dass du nur noch zuhause sitzt, um möglichst kein Geld auszugeben. Für Valentina ist deshalb eine gute Balance wichtig und sie rät allen Frugalisten dazu, sich die geliebten Hobbys oder Aktivitäten beizubehalten. Wer also gerne in einem Restaurant essen möchte, kann das natürlich weiterhin tun. Aber vielleicht fragen deine Freunde jede Woche nach einem gemeinsamen Kinobesuch und die Filme konnten dich in den letzten Wochen nie überzeugen. Dann solltest du über Alternativen nachdenken.

Außerdem muss die Sparquote zwar stimmen, doch auch der Aufwand sollte genau analysiert werden. Wenn du zum Beispiel beim Supermarkt im nächsten Ort zwar ein paar Cent sparst, dafür aber eine Stunde Bus fahren musst, lohnt sich dieser Aufwand nicht. . Deshalb macht der Fokus auf deine höchsten Ausgaben mehr Sinn als der Blick auf Cent-Beträge. bei deiner Miete, deinem Auto oder teuren Versicherungen lassen sich viel höhere Summen einsparen.

MÖGLICHE RISIKEN BEIM INVESTIEREN

Wer durch Frugalismus Geld einsparen konnte und dieses dann investieren möchte, sollte sich zunächst einmal ganz genau informieren,welche Investments es gibt . Denn Valentina ist sich sicher, dass dort ein großer Risikofaktor besteht, wenn Anleger zum Beispiel blind Online-Bewertungen vertrauen oder sich zu schnell entscheiden. Außerdem solltest du als Frugalist immer einen "Notgroschen" besitzen und nicht dein gesamtes Vermögen investieren. Wenn dann die Waschmaschine kaputt geht oder andere plötzliche Ausgaben auftauchen, entstehen somit keine finanziellen Engpässe. Dabei hat es sich für Valentina bewährt, zunächst mit kleinen Beträgen von 25 Euro pro Monat zu starten. So lässt sich erkennen, ob die jeweilige Investmentstrategie optimal passt und bei möglichen Kursschwankungen auch psychisch keine Belastung auslöst. Generell solltest du also nur das Geld investieren, dass du wirklich besitzt und auch langfristig nicht für die monatlichen Fixkosten brauchst.

VALENTINAS PRIVATE INVESTMENTSTRATEGIE

Beim Vermögensaufbau durch Frugalismus gehören die Investments dazu, doch wo genau du investieren möchtest, bleibt dir überlassen. Valentina hat sich privat hauptsächlich für ETFs ent-

schieden und bespart diese mithilfe von breit gestreuten Sparplänen. Diese Exchange Traded Funds (ETFs) werden wie Aktien
an der Börse gehandelt und Anleger können ETFs überall dort
erwerben, wo sie auch Aktien handeln können. Die meisten Anleger nutzen dafür einen Online Broker oder eine traditionelle
Bank, wobei bei letzterer oft deutlich höhere Gebühren anfallen.
Durch die verschiedenen Aktien sinkt das Risiko für Anleger,
weil nicht eine einzige Aktie im Fokus steht und die Gewinne
bzw. Verluste ausschließlich davon abhängen.

Für Valentina war es zudem wichtig, dass sie sehr breit investieren kann und dafür nicht zu viel Zeit investieren muss. Mit ihren
einmal aufgestellten Sparplänen für ETFs kann sie so quasi die
gesamte Weltwirtschaft abdecken. Diese Sparpläne müssen nicht
monatlich angepasst werden, sondern bleiben bestehen, bis Valentina sich für eine Änderung entscheidet. Zusätzlich investiert
sie auch einen kleineren Teil in Einzelaktien, P2P-Kredite und
Kryptowährungen. sie kann aus ihrer eigenen Erfahrung verraten, dass dadurch hohe Renditen möglich sind. Trotzdem sollten
sich Einsteiger zunächst ausführlich informieren und dabei zum
Beispiel Bücher und auch kostenlose Online-Tutorials mit einbeziehen.

DEIN ERSTER SCHRITT FÜR
MAXIMALE RENDITE

Wenn du genau heute deinen Einstieg in den Frugalismus planst,
dann lohnt sich als allererstes ein Blick auf deine aktuellen Ausgaben. Nutze dafür eine Liste und schreibe dir entweder ab heute
oder rückwirkend alles auf, wofür du Geld ausgibst oder ausgegeben hast. Dafür kannst du auch deine Kontoauszüge überprüfen, denn oftmals verstecken sich darunter vermeintlich kleine
Summen, die dir vielleicht bei einem ersten Gedanken nicht bewusst sind. Danach steht die Analyse der Ausgaben an: Welche
davon sind eigentlich unnötig? Welche Ausgaben kannst du mü-
helos reduzieren? Anschließend rückt das Thema Investments in
den Fokus.natürlich brauchst du einen guten Überblick über die

verschiedenen Möglichkeiten, um deine passende Anlagestrategie zu finden. Mit diesen ersten kleinen Schritten ebnest du dir deinen Weg zur finanziellen Freiheit, um letztendlich so wie Valentina auch maximale Rendite zu erreichen.

„Bei Aktien gilt: Der Geduldige wird belohnt - und der Nervöse bestraft!"

Tim Schäfer

TIM SCHÄFER

Tim Schäfer arbeitet als Wall Street Korrespondent für verschiedene Publikationen. Darunter sind Börse Online, Euro am Sonntag, finanzen.net, aktien Magazin und der Börsenbrief Prior Global. Er hat ein BWL- und Journalistik-Studium in Mannheim beziehungsweise Stuttgart abgeschlossen. Der ausgebildete Aktienanalyst ist ein großer Anhänger des „Buy and Hold". Kauft er Aktien, möchte er sie am liebsten für mehrere Dekaden behalten, um vom Zinseszins zu profitieren. Sein Idol ist Warren Buffett.

🌐 www.timschaefermedia.com

Hohe Rendite mit Aktien - Die ideale Strategie für langfristig erfolgreiche Investments

---

Ein Interview mit Tim Schäfer

Die Wall Street gilt als Sinnbild für die Börse und Aktienge-schäfte - und genau deshalb stellt sie für Tim Schäfer den per-fekten Arbeitsplatz dar. Der freie Journalist und Aktienanalyst berichtet vor Ort über alle Themen, die Investments betreffen und hat sich besonders auf den Aktienhandel spezialisiert. Ob aktuelle Kursentwicklungen, Prognosen oder berühmte Inves-toren, Tim Schäfer analysiert alle Hintergründe und gibt Emp-fehlungen ab. Dadurch konnte er sich unter anderem als Experte bei TV-Sendungen sowie Radiosendern etablieren und bekam für seinen Blog den "Finanzblog Award". Aktien sind Tim Schäfers Leidenschaft und seine bisherigen Erfahrungen gibt er gerne an zukünftige Anleger weiter.

ERSTE KONTAKTE MIT DEM VERMÖGENSAUFBAU

Tim Schäfer wollte immer reich sein, das stellt er mit einem Au-genzwinkern fest, als die Frage nach seinem Einstieg in den Ak-tienmarkt aufkommt. Tatsächlich entdeckte er schon früh das

---

Maximale Rendite

finanzielle Potenzial verschiedener Anlagestrategien, als er mit 15 Jahren das erste Buch zu dem Themenbereich in den Händen hielt. Seitdem ließen ihn die Finanzwelt und vor allem Investments nicht mehr los. Gleichzeitig lernte er von seinen Eltern viel über die Bedeutung gewisser Rücklagen und so begann Tim Schäfer schon in seiner Jugend mit eigenen Sparplänen, um einen ersten Schritt in Richtung Vermögensaufbau zu unternehmen.

Dabei nahm er auch verschiedene Nebenjobs an und überlegte früh, wie er sein mühsam angespartes Geld bestmöglich nutzen und vermehren könnte. Schnell kamen nur Anlegen und Investieren in Frage. Somit begann er, Zinsen zu vergleichen und sich intensiv nach einer bestmöglichen Anlagemöglichkeit umzuschauen. Als er schließlich die Volljährigkeit erreichte, fiel seine Wahl zunächst auf einen Immobilienfond. Doch kurze Zeit später stolperte er über die Entwicklung der Börsenwerte aus den vergangenen Jahren. Deshalb stand die Entscheidung für einen Umstieg auf Aktien fest und diesen Schritt hat Tim Schäfer bis heute nicht bereut.

AKTIEN ALS SICHERE ANLAGEMÖGLICHKEIT

Bei Aktien handelt es sich einfach ausgedrückt um Unternehmensanteile. Diese Anteile kann ein Unternehmen an die Öffentlichkeit verkaufen, wenn es als Unternehmensform die Aktiengesellschaft (AG) erreicht und den Börsengang erfolgreich absolviert. Wer eine oder mehrere Aktien des Unternehmens kauft, wird damit zum Miteigentümer des Betriebs. Das bedeutet, je mehr Aktien du besitzt, desto größer ist demnach dein Anteil an einem Unternehmen. Zudem wirst du an den möglichen Gewinnen des Unternehmens beteiligt, was als Dividende bezeichnet wird.

Der Preis einer Aktie fällt je nach Unternehmen unterschiedlich hoch aus. Bei manchen Firmen ist eine Aktie bereits für wenige Euro zu haben, bei anderen kostet sie hingegen mehrere hundert

Euro. Daneben gibt es auch weitere Anlageklassen, wie zum Beispiel Immobilien, Rohstoffe und Gold. Doch Tim Schäfer ist sich sicher, dass Aktien langfristig die höchste Rendite bringen und weist auch auf zahlreiche Studien zu dem Thema hin. Deshalb sollten sich Privatanleger die Aktienmärkte anschauen und können zum Beispiel mit einem Exchange Traded Fund (ETF) einen kompletten Index abdecken, um ihr Risiko zu verringern.

Dagegen warnt Tim Schäfer vor Finanzprodukten und Anlagemöglichkeiten, die von Banken, Versicherungen, Bausparkassen, Kreditkartenunternehmen und Kapitalanlagegesellschaften angeboten werden. Dazu gehören zum Beispiel Lebensversicherungen und Bausparverträge. Denn die Banken und anderen Anbieter möchten bei diesen Produkten mitverdienen, hinzu kommen hohe Gebühren. Daher rät Tim Schäfer dazu, ohne Mittelsmänner direkt selbst zu investieren und damit hohe Gebühren zu vermeiden.

SPEZIFISCHE VORTEILE EINER AKTIENANLAGE

Bei den Vorteilen einer Aktienanlage sticht für Tim Schäfer besonders der geringe Aufwand positiv heraus. Denn wenn du dich heute für einen Aktienkauf entscheidest, egal ob von Walt Disney, Amazon, Microsoft oder einem anderen Unternehmen, dann dauert dieser Kauf nur wenige Sekunden. Auch die benötigte Depoteröffnung für deinen Aktienhandel nimmt online maximal eine Stunde in Anspruch. Andere Anlageklassen verursachen dagegen einen erheblich höheren Aufwand. Vermietest du zum Beispiel Garagen, eine Wohnung oder ein Haus und setzt damit auf die Anlageklasse Immobilien, musst du viel mehr Zeit dafür aufwenden. Und dich auch immer wieder mit bürokratischen Regelungen oder deinen Mietern befassen.

Die Aktien liegen hingegen einfach im Depot und verursachen keine zusätzlichen Verpflichtungen. Aber auch die Sparpläne sieht Tim Schäfer als großen Vorteil an. Denn du kannst darüber eine monatliche Summe festlegen, die dann automatisch in deinem Depot landet. Von dieser Summe werden dann automatisch vorher festgelegte Aktien oder ETFs hinzugekauft. Das funktioniert bei einem Online-Broker durch wenige Klicks, was den Aufwand auch wieder extrem gering hält. Zusammengefasst sind Aktien daher laut Tim Schäfer schnell, bequem und sorgen langfristig für eine maximale Rendite.

WICHTIGE MERKMALE LUKRATIVER AKTIEN

Allerdings werden an der Börse zahllose Aktien angeboten, weshalb sich Anleger zurecht fragen, woran sich eine besonders lukrative Anlage erkennen lässt. Für Tim Schäfer macht es Sinn, sich dabei zunächst langfristige Trends anzuschauen. Denn wenn eine Aktie schon 10, 20 oder sogar 30 Jahre besteht und der Kurs sich in dieser Zeitspanne positiv entwickelte, dann lohnt sich ein Investment. Eine andere Strategie, die er selbst auch angewendet hat, bezieht sich auf den Kauf von sogenannten Wachstumsaktien. Das sind Unternehmen, die besonders schnell wachsen. Etwa gehören die FAANG-Aktien dazu, also Facebook, Amazon, Apple, Netflix und Google (Alphabet). Deren Bewertung ist allerdings auch höher als der Durchschnitt des Marktes.

Diese Wachstumsaktien besitzen dabei bestimmte Gemeinsamkeiten, wie zum Beispiel ein Umsatzwachstum von jeweils mindestens 10 Prozent und mehr in den letzten Jahren. Außerdem können sie einen erkennbaren Wettbewerbsvorteil vorweisen und eine vernünftige Chance, die Marktkapitalisierung zu verdoppeln. Allerdings kaufte Tim Schäfer diese Aktien nicht einfach, sondern wartete ab, bis die Kurswerte abstürzten. Denn so lässt sich seiner Meinung nach eine hohe Rendite erreichen, wenn das betreffende Unternehmen exakt das Problem behebt, was zum Absturz führte. Dann sinken die Kurswerte nur kurz und steigen kurz danach wieder an.

Als Beispiel nennt er die Aktien des Streaming-Anbieters Netflix. Denn dort stieg er selbst mit 5.000 Euro ein, als Netflix anfangs noch mit der technischen Umsetzung und Investorenakquise kämpfte. Heute sind diese Aktien fast 250.000 Euro wert, weil Netflix diese Probleme behob und sich zum weltweit erfolgreichsten Streaming-Anbieter entwickelte. Doch Tim Schäfer weist auch auf die hohen Risiken bei Wachstumsaktien hin, weshalb er dazu rät, eine Mischstrategie zu nutzen. In einem idealen Portfolio müssen auch Unternehmen vorhanden sein, die eine sichere und konstante Dividende in Aussicht stellen. Insgesamt macht es wenig Sinn, dein gesamtes Vermögen auf eine Aktie setzen, sondern stattdessen breit zu streuen, um das Risiko zu minimieren.

VERMEIDBARE FEHLER BEI AKTIENINVESTMENTS

In seiner bisherigen beruflichen Laufbahn als Wall Street Journalist musste Tim Schäfer auch immer Fehler beobachten, die Einsteiger machen, sich jedoch vermeiden lassen. Dazu gehören zum Beispiel Schulden, die Anleger für ein Investment aufnehmen. Sein Ansatz lautet: Investiere nur das Geld, dass du tatsächlich besitzt und nicht für dein tägliches Überleben brauchst. Es ist zu optimistisch, einen Kredit aufzunehmen, weil ein gewisses Verlustrisiko bei Aktieninvestments immer existiert und dann auch noch die Gebühren für den aufgenommenen Kredit hinzukommen.

Außerdem sollten Aktienanleger nie komplett auf Spekulation setzen, sondern etablierte Aktien in ihre Pläne mit einbeziehen. Denn dort ist das Risiko geringer und die Dividenden sorgen für eine sichere Rendite. Besonders wenig hält er von Startups, die kaum bekannt sind, wenig Umsatz vorweisen können und nur einen Nischenmarkt bedienen. Denn auch wenn er in der Vergangenheit in schwächere Aktien investierte, handelte es sich dabei immer um Unternehmen, die einen breiten Markt bedienen und ein langfristig lukratives Geschäftsmodell besaßen.

Letztendlich muss jeder Anleger laut Tim Schäfer auch immer genügend Geduld mitbringen. Denn durch Medienberichte und vermeintliche Sonderangebote neigen viele Anleger dazu, ihre Aktien nach den ersten Kurssteigerungen oder bei Senkungen direkt zu verkaufen. Doch davon rät Tim Schäfer ab, da die Kurse immer leicht schwanken. Ein Beispiel dafür sind die Kurswerte des Getränkeherstellers Monster Beverage, der den "Monster Energy Drink" mittlerweile in fast jedem Supermarkt und an Tankstellen verkauft. Die Kurse dieses Unternehmens sind seit 1995 um 37 Prozent angestiegen und das pro Jahr. Somit zeigt sich, dass sich Geduld auszahlt, wenn du maximale Rendite anstrebst. Aus einem Einsatz von 10.000 Euro wären 29,6 Millionen Euro geworden.

MINDESTZEITRÄUME UND MINDESTSUMMEN FÜR INVESTMENTS

Wenn Tim Schäfer eine "langfristige" maximale Rendite bei Aktien beschreibt, fragst du dich bestimmt, um welche konkrete Zeitspanne es sich handelt und wann sich deine Aktienanlage lohnen kann. Auch dafür gibt es Studien, die die Entwicklung der Börse in den letzten Jahrzehnten auswerten. Daraus ergibt sich die Faustregel, dass in den ersten zehn Jahren nach einem Investment besonders hohe Kursschwankungen zu erwarten sind und Kurse auch zwischenzeitlich in den Negativbereich sinken. Das liegt nicht nur an den unternehmensinternen Entwicklungen, sondern an Börsen-Korrekturen oder im schlimmsten Fall einer Wirtschaftskrise.

Langfristig wurde dabei deutlich, dass sich die Kurse wieder erholen, doch das geschieht nicht innerhalb weniger Monate, sondern kann ein paar Jahre dauern. Deshalb rät Tim Schäfer: Je mehr Ruhe du bewahrst und je geduldiger du wartest, desto höher die Wahrscheinlichkeit, dass sich die Kurse positiv entwickeln und du maximale Rendite erreichst. Denn seiner Meinung nach wird der Geduldige am Ende belohnt und der Nervöse bestraft. Bei der Mindestsumme für eine Aktienanlage gibt es laut dem Finanzexperten hingegen keinen konkreten Betrag. Trotzdem macht es seiner Meinung nach Sinn, eine möglichst hohe Summe zu verwenden, damit sich die Beschäftigung mit dem Thema Aktien überhaupt lohnt.

Deshalb ist ein angespartes Vermögen in Höhe von 3.000 bis 10.000 Euro für den Start sinnvoll, um dieses dann als Einmalzahlung breit gestreut auf verschiedene Aktien verteilen zu können. Gleichzeitig sind für Tim Schäfer auch Sparpläne und damit monatliche Zahlungen wichtig, die sich immer weiter aufstocken lassen, um deine Gewinne zu maximieren. Denn die gesetzliche Rente wird seiner Meinung nach nicht ausreichen, du brauchst eine Strategie, um dir noch ein zusätzliches Einkommen zu sichern. Und je mehr Geld du insgesamt investierst, desto höher fallen auch deine Rendite aus.

TIM SCHÄFERS MISCHSTRATEGIE FÜR PRIVATANLAGEN

Für seine privaten Anlagen zur Altersvorsorge verwendet Tim Schäfer eine Mischstrategie, die zwar auch Raum für Spekulationen zulässt, insgesamt aber eher konservativ aufgebaut ist. Dabei setzt er grundsätzlich nicht auf Schnelligkeit und unbekannte Firmen, sondern auf Geduld und etablierte Konzerne mit lukrativen Geschäftsmodellen wie zum Beispiel aus dem Bereich Digitalisierung. Als Vorbild für Aktieninvestments nennt er außerdem den US-Amerikaner Warren Buffett, der als einer der weltweit erfolgreichsten Investoren gilt. Im Dezember 2020 besaß er ein Nettovermögen von über 85,6 Milliarden US-Dollar und war damit der viertreichste Mensch der Welt.

Denn Warren Buffett hat auch nicht wild an der Börse spekuliert, sondern analysierte ganz detailliert das Potenzial der Firmen und baute mit vergleichsweise konservativen Strategien sein Vermögen auf. Außerdem ist er dafür bekannt, Aktien von Unternehmen zu kaufen, deren Geschäft er nachvollziehen kann. Deshalb lehnte Warren Buffett zum Beispiel 1997 das Angebot ab, in Microsoft-Aktien zu investieren, weil er seiner Ansicht nach nichts von Technik versteht. Auch für Tim Schäfer macht diese Vorgehensweise Sinn, denn die Auswahl deiner Aktien fällt dir leichter, wenn du eine bestimmte Branche sowie spezifische Geschäftsmodelle kennst und diese somit bestmöglich einschätzen kannst.

TIPPS FÜR DEN START AN DER BÖRSE

Wenn du jetzt über den Schritt an die Börse und damit über Aktieninvestments nachdenkst, solltest du laut Tim Schäfer zunächst einen "Notgroschen" besitzen, der mögliche finanzielle Risiken im Alltag abdeckt. Auch Schulden sind für Tim Schäfer ein Ausschlusskriterium für einen erfolgreichen Start im Anlagegeschäft. Zudem lohnt sich seiner Meinung nach eine intensive Beschäftigung mit den Themen Aktien und Börse, um einzelne Fachbegriffe und Abläufe zu kennen. Bei deiner Recherche kannst du auf Bücher, Blogs und YouTube-Videos zurückgreifen. Danach eröffnest du dann ein günstiges Depot bei einer Direktbank oder einem Online-Broker, um hohe Gebühren zu vermeiden und möglichst unkompliziert zu starten.

Zusammenfassend gilt dabei: Wenn du dein Vermögen breit streust, kannst du langfristig eine hohe Rendite erwarten. Doch dir muss auch klar sein, dass Verluste beim Aktienhandel dazugehören. Um diese Verluste so gering wie möglich zu halten, ist es besser, konservativer zu investieren als zu spekulativ. Beschäftige dich zudem vorher mit den einzelnen Unternehmen und versuche, bei Kursschwankungen ruhig zu bleiben. Denn Tim Schäfer ist sich sicher, Krisen können auch Chancen beinhalten und sollten keine Panik auslösen. Wenn du nicht zu viel riskierst, kannst du maximale Rendite erreichen und dir so eine lukrative Altersvorsorge sichern.

„*Trading ist kein Sprint, Trading ist ein Marathon.*"

Marc Wiedenmann

MARC WIEDENMANN

Marc Wiedenmann ist Unternehmer, Investor und seit knapp 6 Jahren Vollzeittrader.

Nach dem Selbststudium des Börsenhandels und den ersten erfolgreichen Jahren, hat er 2015 seine Firma „Rockstar-Trading" gegründet. Mit Rockstar-Trading hat er seine jahrelange Faszination für die Börse zur Berufung gemacht und arbeitet seitdem als Vollzeittrader. Mit einem eigenen Mentoring-Programm für Neulinge und Trader, die bisher keinen nachhaltigen Erfolg erzielen konnten, lässt er Börseninteressierte an seinen umfangreichen Erfahrungen als erfolgreicher Daytrader, Investor und Unternehmer teilhaben. Um auch Anlegern eine Möglichkeit zu bieten, von kurzfristigen Bewegungen in den Märkten profitieren zu können, arbeitet er gerade an der Entwicklung eines eigenen Anlageprodukts für interessierte Investoren.

Im Oktober 2020 als „Man oft the Month" einer Fachzeitschrift ausgezeichnet, wird in Fachkreisen vor allem seine Praxiserfahrung und Transparenz sehr geschätzt.

🌐 www.rockstar-trading.de/   📷 @rockstar_trader

Performe wie ein Rockstar
– als Trader

Ein Beitrag von Marc Wiedenmann

Schaut man sich gängige Onlineportale und soziale Medien in diesen Tagen an, so stößt man zunehmend auf das Thema Daytrading. Schnelles Geld, Luxus, Lifestyle und das alles ganz einfach am Handy oder mit zwei Stunden Arbeit im Büro sind gern genutzte Klischees, wenn es im Marketing um das Trading geht.

Doch ist es tatsächlich so einfach?

Marc Wiedenmann wird dir im nächsten Kapitel einen Einblick in das Thema Trading geben und dir verraten, welche Grundlagen auf dem Weg zum erfolgreichen Trader wichtig sind.

1. WAS IST TRADING?

Betrachtet man es nüchtern, so ist das Trading schlicht der Kauf und Verkauf von Vermögenswerten. Es ist also der Handel mit Finanzinstrumenten. Dieser Handel findet im Vergleich zur klassischen Anlage, die über Monate und Jahre ausgerichtet ist, in relativ kurzen Zeiträumen statt.

Trading vs. Investing: Was ist der Unterschied?

Grundsätzlich unterscheiden sich diese beiden Möglichkeiten der Geldanlage in den folgenden Punkten: Investieren geschieht, wie eingangs schon kurz erwähnt, in aller Regel über mehrere Jahre bis hin zu Jahrzehnten hinweg, während das Trading kurzfristigere Ansätze verfolgt, um Profite an den Märkten innerhalb weniger Minuten/Stunden, eines Tages oder eines Monates zu generieren. Nachdem ich selbst im langfristigen Bereich nie wirklich erfolgreich war, habe ich nach Alternativen gesucht und mich schnell mit Begeisterung im Daytrading wieder gefunden.

2. ARTEN DES TRADINGS

Schauen wir uns einmal die verschiedenen Möglichkeiten zu handeln an.

1. Scalptrading:

Scalptrading beschreibt eine sehr intensive und hochfrequente Form des Tradings, in der ein Händler Positionen nur sehr kurze Zeit hält, um sie dann, möglichst im Gewinn natürlich, wieder zu schließen und somit Profite aus den Bewegungen des Markt es „herauszuschneiden". Die Haltedauer variiert von teils wenigen Sekunden bis hin zu wenigen Minuten. Naturgemäß halten sich Scalptrader daher in sehr kleinen Zeiteinheiten auf wie dem Minutenchart (M1) oder dem 5- Minutenchart (M5). Man kann sich vorstellen, dass diese Art des Handels eine unglaublich flexible und hochkonzentrierte Herangehensweise erfordert, um langfristig profitabel zu sein, da sich der Markt mitunter sehr schnell bewegt und es daher auch sehr schnell zu Richtungsänderungen kommen kann.

2. Daytrading

Das Daytrading bezeichnet eigentlich den klassischen Handel innerhalb eines Tages (Intraday). Hier werden Positionen im

Zeitraum von etwa 15-30 Minuten bis hin zu mehreren Stunden gehalten. Auch dieser Handel erfordert ein hohes Maß an Konzentration, ist im Vergleich zum Scalptrading mit etwa drei bis fünf Positionen am Tag allerdings nicht mehr so hochfrequent. Als Zeiteinheiten bieten sich im Intradayhandel mit dem 15 Minutenchart (M15) und dem Stundenchart (H1) etwas längere Zeiträume an.

3. Swingtrading

Swingtrading ist eine weitere spannende Form des Börsenhandels. Überwiegend in höheren Zeiteinheiten wie Stundenchart (H1), 4-Stundenchart (H4) oder auch Tageschart (D1) bietet das Swingtrading sehr gute Möglichkeiten, größere Marktbewegungen, die sich über längere Zeit aufbauen, zu handeln. Diese Art des Handels bietet sich neben dem Vollzeithandel dann sicherlich auch am besten für den nebenberuflichen Handel an, da sich hier die Frequenz der Trades, bedingt durch die längeren Zeithorizonte, natürlich deutlich verringert.

Ich selbst war schon in allen drei Handelsarten unterwegs. Anfänglich eher im Bereich des Scalpings. Der sehr kurzfristige Handel kam rückblickend aber eher dadurch zustande, dass ich bereits erzielte Gewinne nicht mehr abgeben wollte und deshalb Positionen oft früh wieder geschlossen habe. Mittlerweile bin ich überwiegend im klassischen Daytrading unterwegs mit der Tendenz, bei guten Einstiegsmöglichkeiten auch immer wieder im Swingtrading von größeren Marktschwüngen zu profitieren.

Neben grundsätzlichen und gerne übersichtlich gehaltenen Ansätzen der Markttechnik habe ich im Lauf der Zeit mit dem Rockstar-Reversal zusätzlich eine eigene Strategie entwickelt, um frühe Einstiege finden zu können und somit hervorragende Trades zu realisieren. Auch diese Strategie wird direkt aus dem Chart heraus, ohne zusätzliche Indikatoren, umgesetzt.

Obwohl ich persönlich nur Indizes handel (DAX und Dow Jones) und wie erwähnt überwiegend den Handel innerhalb eines Tages in Kombination mit vereinzelten Swingtrades bevorzuge, habe ich interessanterweise im Laufe der Entwicklung festgestellt, dass der Handel mit der Rockstar-Reversal Strategie auch sehr gut in anderen Märkten wie Forex und Commodities, also den Währungen und Rohstoffen, funktioniert - und das ergänzend sogar in den unterschiedlichsten Zeiteinheiten.

3. WICHTIGE EIGENSCHAFTEN EINES ERFOLGREICHEN TRADERS

Um einschätzen zu können was das Trading voraussetzt, schauen wir uns hier einmal einige wichtige Eigenschaften an, die ein Trader mitbringen muss.

Mindset

Ein Trader muss gewisse Denkweisen und Überzeugungen haben, die ihn auf dem Weg des Lernens begleiten. Wurde ich anfangs immer etwas belächelt, als ich meiner Umgebung gesagt habe, dass Trading „mentaler Hochleistungssport" ist, so haben es mir im Nachhinein sehr viele derjenigen, denen ich das Traden im Lauf der Zeit gezeigt habe, dann doch bestätigt.

Traden zu lernen ist ein Weg, den ich nur mit der entsprechenden Einstellung und inneren Haltung erfolgreich gehen kann.

Ausdauer

Trading ist kein Sprint, Trading ist ein Marathon.

Als Kind hatte ich den unbändigen Wunsch, Schlagzeug zu lernen. Nachdem ich zwei Jahre lang gebettelt hatte, es lernen zu dürfen, war es schließlich mit neun Jahren soweit. Ich bekam Schlagzeugunterricht. Jung, naiv und motiviert wie ich war, ging ich zu meiner ersten Unterrichtsstunde und musste enttäuscht feststellen, dass dort kein Schlagzeug stand, sondern nur eine Snare-Drum (kleine Trommel). In meinen Träumen hatte ich mich bereits mit einem riesigen Schlagzeug auf großen Bühnen gesehen und nun stand ich in einem kleinen Raum mit nichts als einer

Snare vor mir.

Das entsprach zunächst also überhaupt nicht dem, was ich mir vor-gestellt hatte. Dennoch war es mein absoluter Wunsch und so be-gann ich, Schlagzeug zu lernen. Es hat über ein Jahr gedauert, bis ich soweit war, am kompletten Drumset unterrichtet zu werden. Der Anfang waren viele Stunden mit endloser Technik - angefan-gen wie man zu sitzen hat und wie man einen Drumstick richtig hält -, trockener Theorie und endlosen Wiederholungen. Das war manchmal unglaublich ermüdend und nicht nur einmal habe ich überlegt einfach aufzuhören. Doch ich habe es nicht getan!

Was hat aber nun Trommeln mit Trading zu tun? Richtig – auf den ersten Blick gar nichts!

Schaut man aber etwas genauer, so gibt es durchaus Parallelen auf dem Weg zum erfolgreichen Trader. Wie ich damals vom Schlag-zeugspielen haben heute viele eine falsche Vorstellung vom Lernen des Tradings. Auf die Frage, warum jemand mit Trading beginnen will, höre ich oft, dass er/sie schnell viel Geld verdienen will. Hier bestätigt allerdings eine interessante Statistik, was ich auch selbst zu Beginn meiner Mentorings immer wieder feststelle. Nämlich dass die überwiegende Anzahl der Anfänger erst einmal verliert.

Neben dem mangelnden Wissen, welches ein Anfänger noch gar nicht haben kann, führen also sehr oft auch falsche Intensionen und Erwartungen dazu, dass es zu Verlusten kommt. So ist Tra-ding eben nicht etwas, was in einem Wochenendkurs zu lernen geht oder indem sich Communities via Handy verbinden. Nein, Trading ist ein intensiver Prozess, auf dessen Weg einige Rück-schläge wegzustecken sind und auf dem ein hohes Maß an Aus-dauer gefordert ist. Wie anspruchsvoll der Einstieg tatsächlich ist, zeigt folgende Regel:

90 – 90 – 90 Regel

90 % der Privatanleger verlieren 90 % ihres Geldes innerhalb der ersten 90 Tage. Das ist Fakt und deshalb braucht es Ausdauer. Konstant profitabel zu traden dauert Jahre - genauso wie es Jahre dauert, ein Instrument zu beherrschen.

Disziplin

„Disziplin bedeutet: Dinge, die man hasst, so zu tun, als würde man sie lieben" Mike Tyson

Disziplin ist eine Eigenschaft, die enorm wichtig ist, wenn es darum geht, erfolgreich zu werden oder nicht. Das gilt grundsätzlich für viele Dinge – für das Trading aber ist Disziplin essenziell! So muss ein Trader in jeder Situation fähig sein das, was er sich vorgenommen hat, umzusetzen. Läuft etwas nach Plan, ist das gut zu meistern.

Schwierig wird es dann, wenn etwas nicht funktioniert. Denn genau dann ist man als Trader am meisten gefordert und muss Situationen in absoluter Selbstverantwortung so handhaben, dass Verluste nicht aus dem Ruder laufen und das Konto gegebenenfalls übermäßigen Schaden nimmt.

So ist im Trading folglich eine weitere Form der Disziplin unerlässlich – die Selbstdisziplin.

Als privater Trader ist man überwiegend allein. Mit seinen Gedanken, mit seiner Analyse, mit seiner Freude und auch mit seinen Problemen, Ängsten und Verlusten. Es gibt auf den ersten Blick nur zwei Dinge – den Markt und sich selbst. Nun ist ein Trader natürlich in keinster Weise dafür verantwortlich, was am Markt geschieht. Er ist aber absolut und zu 100% dafür verantwortlich, was er selber tut – und das ist ein sehr wichtiger Punkt: Trading ist absolute Selbstverantwortung!

- Setze ich meine Vorgaben/meinen Tradingplan um?

- Halte ich mich an meine Strategien und Setups?

- Achte ich IMMER auf mein Risiko?

- Begrenze ich mein Risiko konsequent und steige rechtzeitig aus wenn ich Verluste mache?

Das sind einige der Fragen und Situationen, die sich im täglichen

Handel immer und immer wieder stellen und die ein Trader jederzeit und gegebenenfalls unter enormem Druck souverän, aber mit aller Konsequenz und der Situation entsprechend angepasst, umsetzen muss. Sich selbst in solchen Situationen zu kontrollieren und vorab eingeübte Abläufe immer wieder konsequent abrufen und wiederholen zu können, ist für mich ein unglaublich wichtiger Aspekt der Selbstdisziplin im Trading.

Geduld

Hätte man mich zu Beginn meines Tradings gefragt, was ich mir selbst als meine allergrößte Stärke attestieren würde, so hätte ich absolut überzeugt mit „Geduld" geantwortet. Das erste mal bewusster darüber nachgedacht habe ich jedoch in dem Moment, als gerade binnen weniger Wochen meine zweite Tastatur gegen die Wand in meinem Büro geflogen war.

Was ist also Geduld?

Geduld ist ein Persönlichkeitsmerkmal, welches als wesentlicher Indikator für Erfolg – sei es persönlich oder im Beruf – angesehen werden darf. Die Ausdauer, etwas beherrscht, ruhig und nachsichtig zu ertragen oder auch etwas beherrscht, ruhig und nachsichtig abwarten zu können – das ist Geduld.

Die gute Nachricht ist: Geduld kann man lernen. Sei es über gewisse Atemtechniken, über Meditation und/oder gerne auch über das Hören von Musik. Und obwohl ich ansonsten relativ wenig Affirmationen nutze, helfen sie mir im Bezug darauf, mich in Geduld zu üben, immer wieder ganz hervorragend.

Ähnlich wie im Bereich der Disziplin die Verbindung zur Selbstdisziplin naheliegt - kann die Geduld immer auch in Korrelation zur Selbstkontrolle angesehen werden.

Sich selbst zu kontrollieren und geduldig:

- den Markt zu beobachten und zu analysieren

- auf Chancen und Einstiege zu warten

- eine laufende Position nach den eigenen Vorgaben und Regeln zu managen

- darauf zu achten, Positionen nicht zu früh zu schließen

- darauf zu achten, nicht ins Over-Trading zu fallen

Das alles sind Situationen, in denen ein hohes Maß an Geduld unerlässlich ist, denn:

„Ist man in kleinen Dingen nicht geduldig, bringt man die großen Vorhaben zum Scheitern." - Konfuzius

Selbstvertrauen

Auch das Selbstvertrauen und damit wörtlich „das Vertrauen in sich selbst" ist im Trading eine wichtige Eigenschaft. Vor allem dann, wenn wir uns in Phasen befinden, in denen wir Verluste hinnehmen müssen und unser Handel nicht gut zum aktuellen Marktgeschehen passt. In diesen schlechten Phasen, die übrigens jeder Trader immer wieder erlebt – ganz egal, wie lange er schon handelt - bekommen wir als Trader oft Angst. Und Angst ist im Trading nichts anderes als das Fehlen von Selbstvertrauen.

Auch hier gilt es daher, wie in vielen Bereichen des Tradings, eine Balance zu finden.

Wie baue ich Selbstvertrauen im Trading auf?

Nun, indem ich meine Hausaufgaben mache. Indem ich diszipliniert handel, meine Regeln und meinen Plan befolge, geduldig bin und mich vom Markt leiten lasse, auf gute Einstiege warte und meine Trades ruhig und bedacht verwalte. In dem ich, vor allem in schlechten Phasen, meine Verluste im Auge behalte und begrenze und mich danach dennoch nicht aus der Ruhe bringen lasse, sondern geduldig auf die nächste Möglichkeit warte, um dann, nach meinen Regeln und meinem System, wiederum in den Markt einzusteigen.

Diesen bewussten Prozess immer und immer wieder zu wiederholen hilft dabei, selbstbewusst zu handeln und das Vertrauen in sich und den eigenen Handel aufzubauen und zu stärken.

4. DER START INS TRADING

Grundlegende Dinge, wie z.B. die Auswahl der Hardware einmal vorausgesetzt, stellt sich sehr schnell die Frage, was ich als Trader handeln will und in welchen Märkten.

Welche Handelsinstrumente gibt es?

Hier ein kleiner Überblick über vier sehr gängige Handelsinstrumente im Trading.

1. Optionen

Optionen sind bedingte Termingeschäfte. Es sind Wertpapiere, die an einer Terminbörse gehandelt werden und dem Käufer das Recht – aber nicht die Pflicht – einräumen, einen Basiswert wie etwa Währungen, Aktien oder Zinspapiere innerhalb einer festgelegten Frist und zu einem vorab festgelegten Preis zu kaufen (Call Option) oder zu verkaufen (Put Option).

2. Zertifikate

Zertifikate sind strukturierte Finanzprodukte und beziehen sich, wie alle Derivate, auf einen Basiswert. Im Trading kommen oft sogenannte Hebelzertifikate zum Einsatz, oft auch Turbozertifikate oder KO-Scheine genannt. Wie die Begrifflichkeiten schon andeuten, sind Hebelzertifikate etwas spekulativer und dienen oft auch langfristig angelegten Händlern als kleiner „Renditeturbo" und/ oder auch dazu, Positionen zu shorten und das langfristige Depot damit etwas auszubalancieren.

3. Contracts for Differences – CFDs

CFDs sind sogenannte Differenzkontrakte und sehr beliebte Finanzprodukte. Mit einem CFD kann einfach strukturiert und in der Regel kostengünstig gehandelt werden, um so von den Kursbewegungen der jeweiligen Basiskurse wie z.b. Indizes, Rohstoffen, Währungen oder auch einzelner Aktien zu profitieren, ohne diese tatsächlich physisch besitzen zu müssen. Das bietet natürlich gerade für den Anfang interessante Möglichkeiten, da CFDs oft auch mit Hebel gehandelt werden können und somit schon mit geringem Kapital handelbar sind.

4. Futures

Futures gelten im Trading weitläufig als die Königsklasse der Handelsinstrumente. Futures sind unbedingte Termingeschäfte; Käufer und Verkäufer verpflichten sich hier, einen festgelegten Basiswert zu einem definierten Zeitpunkt in der Zukunft und einem festgelegten Preis zu kaufen bzw. zu verkaufen. Als Trader muss man bei Futures mit der Margin lediglich einen Anteil des gehandelten Volumens hinterlegen. Der Handel mit Futures setzt allerdings ein dementsprechend kapitalisiertes Konto voraus, sodass der Handel mit kleinem Kapital nicht möglich ist. Hierfür bieten jedoch manche Broker den Handel mit sogenannten Mini-futures an. Diese sind in der Stückelung geringer als die „echten" Futures.

Broker und Software

Da eine Privatperson nicht berechtigt ist, an einer Börse Kauf- oder Verkaufsaufträge abzugeben, braucht jeder Trader einen Broker. Diese werden dann die jeweiligen Finanzprodukte im Auftrag seiner Kunden handeln. Die Auswahl eines Brokers ist also ebenfalls ein wichtiger Baustein für den Einstieg ins Trading.

Für mich zugegeben bis heute eines der schwierigsten Themen im Trading. Zum einen, weil es mittlerweile unzählig viele Anbieter gibt und zum anderen, weil ich selber unglaublich sensibel bin, was Broker und Software angeht.

Hier sind einmal einige wichtige Kriterien, wenn es darum geht, einen Broker auszuwählen:

- Wie und wo ist der Broker reguliert?

- Wie wird das Kapital verwaltet und wird es getrennt vom Eigenkapital des Brokers verwaltet? (segregatet accounts)

- Hat der Broker einen Kundenservice, wenn ja, in welcher Sprache und zu welchen Zeiten?

- Wie hoch ist die Einlagensicherung?

- Welche Handelsplattform(en) bietet der Broker und stehen die gebotenen Leistungen in Relation zu den Kosten?

- Welchen Spread bietet der Broker? (Unterschied Kaufkurs zu Verkaufskurs)

- Für Anfänger auch nicht unwichtig:

- Bietet der Broker Aus- und/oder Weiterbildungsangebote?

Das sind alles sehr wichtige Dinge, über die man sich bei der Auswahl eines Brokers Gedanken machen muss und ich leider die Erfahrung gemacht habe, dass die Brokerauswahl für mich ein sehr langwieriges Thema war. Sehr viele Angebote, die viel versprachen und oftmals wenig hielten.

So bevorzuge ich z.B. Software, die grundsätzlich einfach zu bedienen ist. Ich möchte Traden und keine Boeing fliegen. Da auch mein Handelsstil seit Tag eins sehr pragmatisch ist, lege ich daher sehr viel Wert auf eine klare und einfach strukturierte Software, die zuverlässig ist und die sich einfach und intuitiv bedienen lässt.

Tradingplan und Tradingtagebuch

Für mich persönlich unterscheide ich Tradingplan und Tradingtagebuch dahingehend, dass ich alles pragmatische und technische in den Tradingplan übertrage, während ich das persönliche und mitunter emotionale in mein Tradingtagebuch eintrage.

Beide Komponenten - Tradingplan und Tradingtagebuch - sind für mich persönlich seit Anfang an mit einer der wichtigsten Grundlagen für ein erfolgreiches Trading, frei nach Warren Buffett: „An idiot with a plan can beat a genius without a plan" Obwohl Warren Buffet nun sicherlich nicht zu den Tradern zählt, trifft dieses Zitat meines Erachtens nach den Nagel voll auf den Kopf. Im Finanzbereich - wie auch in vielen anderen Bereichen des Lebens.

So ist es z.B. kaum vorstellbar, dass jemand seinen Hausbau angeht, ohne davor mit einem Architekten einen konkreten Plan erarbeitet zu haben. Im Bereich der finanziellen Planung sehe ich aber sehr regelmäßig, dass viele Leute überhaupt nicht geplant haben, was sie in diesem Bereich erreichen wollen und in welchem Zeitraum.

Was beinhaltet ein Tradingplan?

Nun, das ist – wie das Trading selbst – sehr individuell. Ich zeige euch hier einmal einige der wesentlichen Punkte aus meinem Tradingplan.

- **Startkapital:** Mit wieviel Kapital beginne ich meinen Handel und wie sehen meine Renditeziele aus? Da ich mehrere Konten handle, habe ich für jedes Konto eine separate Ausgangslage.

- **Kapitalplan:** Die Art und Weise, wie ich mein Kapital verwalte und meine Rendite plane, stammt tatsächlich noch aus meinen ersten Wochen, als ich noch ausschließlich auf dem Demokonto gehandelt habe und ist bis heute nahezu unverändert geblieben. Dennoch habe ich schnell erkannt, dass ich meinen Kapitalzuwachs planen will, um stets den Überblick zu haben. Das gibt mir Sicherheit für meinen Handel und ist als Orientierung eine wichtige mentale Stütze. So definiere ich für jedes meiner Handelskonten zu Beginn eines Jahres die jeweiligen Renditeziele. Diese kann ich dann gegebenenfalls runterbrechen auf den Monat und den einzelnen Handelstag. Diese Planung ist für mich ein sehr wichtiger Bestandteil auf die Vorbereitung eines neuen Handelsjahres.

• **Risikomanagement:** Ebenso unabdingbar im täglichen Handel ist das Risikomanagement. Ich !MUSS! als Trader immer mein Risiko im Auge behalten. Ein Fehler, den Anfänger oft machen ist, sich immer nur auf den Gewinn zu fokussieren. Ich gehe dieses Thema anders an. Wenn ich mich darauf konzentriere, in schlechteren Phasen nicht zu viel zu verlieren, dann kommen die Gewinne in den besseren Phasen (fast) von alleine. In meinem täglichen Handel ist es daher für mich eines der obersten Gebote, dass ich mir z.B. einen maximalen Tagesloss setze, ab dem ich definitiv die Reißleine ziehe. Wird dieser Punkt erreicht, ist der Tradingtag beendet!!

• **Moneymanagement:** Das Moneymanagement ist ebenso unverzichtbar wie das Risikomanagement. Sehe ich ein Signal/ein Setup, um eine Position öffnen zu können, muss ich natürlich wissen, wieviel ich gegebenenfalls maximal mit dieser Position bereit bin zu verlieren. Ebenso mache ich mir Gedanken darüber, wie viel Gewinn ich aus dieser Position erwarten kann.

Dementsprechend passe ich die Größe der Position an, bevor ich den Trade dann tatsächlich eröffne und setze dann sofort den ZUVOR definierten und errechneten Stop-Loss.

Strategien: Ebenso ein wichtiges Element in meinem Tradingplan ist es, die Strategien, die ich handel und/oder gehandelt habe, kurz zu notieren. So erhalte ich in der Nachschau immer einen Überblick, welche Strategien gut funktionieren.

Diese ganzen Parameter übertrage ich dann in eine Excel-Tabelle. Anhand dieser Daten kann ich dann im Laufe der Zeit meinen Handel analysieren und auswerten, wodurch ich einen detaillierten Überblick erhalte. So kann ich in der Folge eventuelle Schwachstellen meines Handels identifizieren und verbessern.

Tradingtagebuch

Wie schon erwähnt nutze ich das Tradingtagebuch in meinem Handel für die persönliche und mitunter emotionale Seite des Tradings. Es ergänzt meinen sehr technischen und auf Zahlen und Daten basierenden Tradingplan auf einer persönlichen Ebene.

Im Gegensatz zum Tradingplan führe ich mein Tradingtagebuch handschriftlich. Denn allein durch den Prozess des Schreibens komme ich – vor allem nach anstrengenden Trades – schon wieder etwas in die Ruhe. Meine Gedanken und Emotionen beruhigen sich und ich werde sehr schnell wieder strukturiert und klar.

Nun gibt es auch für das Tradingtagebuch meines Erachtens nach keine Schablone. Ich selber schreibe dort verschiedene Dinge rein wie z.B.

- **Meine Motivation und meine Ziele:** Hier sind nun nicht die Renditeziele gemeint wie im Tradingplan, sondern meine persönlichen Ziele und eben meine Motivation, mein „WARUM". Warum mache ich das, was ich tue und was möchte ich damit wann erreicht haben?

- **Routine:** Ein Punkt, den ich gerne mache, um mich vorzubereiten. So wie viele Sportler vor Wettkämpfen gewisse Rituale haben, so beginne ich in der Regel auch meinen Tag im Handel so, dass ich nochmals verschiedene Dinge überprüfe, wie z.B. ein Pilot vor dem Start. Ich verschaffe mir einen Überblick über die Märkte. Ich gehe nochmals in mich und motiviere mich, meine Vorgaben und Regeln diszipliniert einzuhalten. Das sind Beispiele, die ich als Routine bezeichne.

- **Selbstreflexion:** Wie verhalte ich mich während eines Trades? Habe ich meine Vorgaben eingehalten? Habe ich die Dinge aus meinem Tradingplan beachtet und vor allem auch umgesetzt? Hat sich der Markt entsprechend meinen Erwartungen entwickelt, konnte ich den Trade gut und vernünftig managen? Diese Dinge schreibe ich immer wieder auf.

- **Trading Regeln:** Auch ein sehr wichtiger Punkt, den ich aus meinen Anfangszeiten auch in meinem heutigen Handel immer noch mache. Meistens stelle ich mir 5-6 Regeln auf, die ich konsequent einhalten will. Im Lauf der Zeit haben sich diese Regeln verändert, da alte Regeln durch das stetige Wiederholen in meine Gewohnheiten übergegangen sind. Aber es gibt immer wieder Punkte, die ich identifiziere und die ich mir dann als Regeln notiere, um diese im Lauf der Zeit dann als Gewohnheiten zu verinnerlichen.

Dieses bewusste Arbeiten mit sich selbst führt im Lauf der Zeit zu besseren und vor allem konstanteren Ergebnissen.

Demokonto

Wenn es darum geht, mit dem Trading zu beginnen, ist das Demokonto immer wieder ein - mitunter kontrovers - diskutiertes Thema. Ich verstehe nicht warum.

Als ich 2015 mit dem Trading angefangen habe, wusste ich über die Börse ganz genau gar nichts. Man konnte nicht weniger Börsenwissen haben, als ich zu diesem Zeitpunkt hatte. Ich wusste, es gibt den DAX und es gibt Aktien, das war alles. Nachdem ich mich dann einige Tage intensiv eingelesen hatte und dort schon auf das Thema Demokonto gestoßen bin, war das dann auch der erste Zugang für mich. Daraus entwickelte sich relativ schnell dann der Wunsch, im Trading Fuß zu fassen. Nach zwei bis drei wackligen Wochen habe ich mir meinen ersten Plan erstellt, wie sich zumindest mein Kapital entwickeln sollte. Nach weiteren zehn Monaten reinem Demohandel bin ich dann das erste Mal mit echtem Geld in den Handel eingestiegen.

Dieser Übergang - vom Demohandel in den Livehandel - ist auch der Zeitpunkt, an dem die Kritik oft ansetzt:

- Demo ist kein echter Handel

- Erst mit Echtgeld kommt die Psychologie dazu

- Demo verzeiht jeden Fehler

- Im Demo kann man gelassen handeln, im Echtgeld kommen Angst, Gier, Schmerz, Freude, Euphorie dazu

Alles Punkte, die auf den ersten Blick zunächst einmal richtig sind. Aber es gibt für mich bei all den Punkten eine alles entscheidende Frage, die sich jeder vorab gewissenhaft stellen muss.

Wie nutze ich ein Demokonto?

Ein Demokonto kann als „Playstation" oder als absolut ernsthaftes Ausbildungswerkzeug genutzt werden. Die Entscheidung darüber obliegt jedem selbst. Wie bereits erwähnt ist Trading hundertprozentige Selbstverantwortung und diese beginnt am ersten Tag.

Ein Pilot, der im Flugsimulator sitzt, nimmt diesen exakt gleich ernst als würde er in diesem Moment ein echtes Flugzeug fliegen! Er fliegt nicht ohne Plan und produziert einen Absturz nach dem anderen, nur weil nichts passieren kann. Natürlich übt er auch Notfälle, aber sicher nicht nur. Genau dasselbe kann ich auf einem Demokonto machen. Ich kann extreme Situationen in Ruhe durchgehen, aber wenn das der tägliche und ausschließliche Umgang mit dem Demokonto ist, wird der konstante Erfolg lange auf sich warten lassen. Für mich gibt es daher keine zwei Meinungen.

5. KANN JEDER TRADER WERDEN?

Eine Frage, die mir mittlerweile immer häufiger gestellt wird. Schaut man sich die Statistiken der Broker an, so verlieren dort etwa 75 – 85% der Kunden Geld. Auf den ersten Blick ist somit die Frage demnach also eigentlich schon beantwortet. Aber wer gibt sich schon mit dem ersten Blick zufrieden? Ich nicht!

Ich betrachte diese Statistiken etwas differenzierter. Was nämlich meines Erachtens nicht vergessen werden darf, ist, dass in dieser Statistik JEDER berücksichtigt ist, der bei diesem Broker handelt. Somit also auch diejenigen, die z.B. mal mit 100 € „all in" gegangen sind oder welche, die nach kürzester Zeit wieder aufgehört haben. Unterm Strich also auch sehr viele Leute, die sich mit der Materie des Börsenhandels nie wirklich auseinandergesetzt haben. Dies verzerrt meines Erachtens diese Statistiken enorm. Die Zugangsvoraussetzungen zum Trading sind gering. Es braucht etwas Kapital und einen Broker, dann kann losgelegt werden.

Dennoch wird es nicht jedem möglich sein, Trader zu werden, so ehrlich muss man an dieser Stelle natürlich auch sein. Es braucht neben einem sehr fundierten Wissen auch eine große Einsatzbereitschaft, viel Fleiß, Leidenschaft, mentale Stärke, Durchhaltevermögen und einen wirklich starken Willen. Ich muss als Trader sehr diszipliniert agieren und dennoch einen freien Geist und einen neutralen Blick haben, um mich den sich ständig verändernden Gegebenheiten der Märkte flexibel und schnell anzupassen.

Es ist ein wirklich sehr intensiver Beruf, bei dem man zunächst einmal sehr viel Vorleistung – in vielerlei Hinsicht – erbringen muss. Wer aber bereit ist, diesen Einsatz zu bringen, der kann es durchaus schaffen! Für mich gilt folgender Grundsatz:

„Das Gute ist, man KANN es lernen – das Blöde ist, man MUSS es lernen!" :-)

6. MAXIMALE RENDITE – SIND 100% RENDITE IM JAHR MÖGLICH?

Im Lauf der Jahre war dies immer eine Marke, die ich mir eigentlich als Traumziel vorgenommen hatte. „Eine dreistellige Jahresrendite – WOW" – Das war mein Gedanke.

Was selbst in Traderkreisen oftmals für fragende Blicke und eine gerunzelte Stirn sorgt, reizte mich umso mehr.

Da man sehr wenige Einblicke bekommt, was wirklich auf Tradingkonten vorgeht und diejenigen, die über große Renditen schreiben, oftmals selbst auch nichts preisgeben, hatte ich 2018 den Entschluss gefasst, mich bei einer Challenge für Trading Coaches anzumelden. Diese wurde damals unabhängig von einer Firma angeboten. Man konnte teilnehmen und seine monatlichen Ergebnisse einsenden, die dann verifiziert und veröffentlicht wurden. Dort angerufen wurde mir allerdings mitgeteilt, dass das Anmeldefenster schon geschlossen wäre. Ich solle mich zu einem späteren Zeitpunkt wieder melden, um für 2019 an den Start zu gehen.

Gesagt – Getan. Ich hatte mich also zum Ende des Jahres rechtzeitig wieder gemeldet und bekam als Nachricht, dass 2019 keine Challenge stattfinden würde. Begründet wurde das mit der geringen Resonanz der bisherigen Challenge und dem Wegfallen von Sponsoren.

Da ich aber nicht aufgebe, wenn ich etwas vorhabe, habe ich kurzerhand selbst eine Challenge gestartet.

Die Kernzahlen waren:

- **Kapital:**   10.000 € Echtgeld

- **Ziel:**   100% Rendite (vor Steuer)

- **Zeitraum:**   zwölf Monate

Nachdem die Challenge angelaufen war, wurde nach etwa vier Monaten die Redaktion eines Finanzmagazins auf die Challenge aufmerksam.

Nach einem sehr angenehmen anfänglichen Austausch vereinbarten wir, dass die Redaktion mich fortan begleitet. Dies geschah dann sowohl vor Ort in meinem Büro in Ravensburg als auch im Austausch über die Ergebnisse und die Entwicklung der Challenge via E-Mail und Telefon.

Am Ende der Challenge stand das Konto bei 55.685 €. Somit konnte binnen der vorgegebenen zwölf Handelsmonate eine Rendite von + 456,85% erzielt werden. Natürlich ist das keine alltägliche Rendite, aber auch davor und danach ist es mir immer mal wieder gelungen, Renditen im dreistelligen Bereich zu erzielen. Maximale Renditen sind im Trading also durchaus zu erreichen. Es ist jedoch – und das möchte ich zum Ende hin nochmals betonen – ein langer Weg, der viel Einsatz und Willen erfordert. Aber – und das möchte ich ebenfalls unterstreichen – es ist ein Weg, der sich lohnt und auf dem sich im Lauf der Zeit zuvor ungeahnte Möglichkeiten ergeben können.

Wie unsere damalige Challenge verlief, seht ihr hier in einem Schaubild dargestellt:

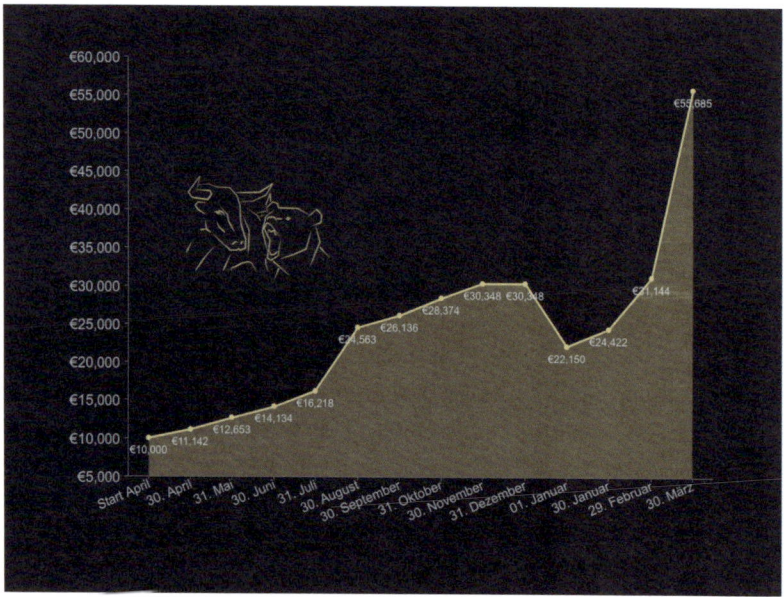

Der Einbruch in der Performance (Draw Down) im Dezember und Januar sind durch eine Spende sowie durch den Abzug der Steuer zu Stande gekommen.

Zu Beginn dieses Kapitels stand zuallererst die Frage „Was ist Trading?". Die dort sehr allgemeine und nüchterne Beschreibung möchte ich zum Ende hin mit einem persönlichen Zitat, mit welchem ich in einem meiner ersten Interviews auf exakt die gleiche Frage geantwortet hatte, ergänzen und damit auch dieses Kapitel beschließen:

„Trading ist für mich Leidenschaft, Spannung, Disziplin, Chance, Perspektive und Erfolg – und somit Alles, was ich davor lange Zeit nicht in meinem Leben hatte!"

Wenn dir das Kapitel gefallen hat und du mehr über zum Thema Trading erfahren möchtest, dann halte dein Smartphone auf den QR-Code, der hier zu sehen ist. Als Leser bekommst du von uns eine kostenlose Beratung zum Thema Trading plus eine realistische Einschätzung, ob und wie wir dir weiterhelfen können. Alles Gute und "Maximale Rendite" wünscht dir

Marc Wiedenmann

SCANNE DEN QR-CODE

CREATE YOUR OWN PATH!

W W W . R O C K S T A R - T R A D I N G . D E

Kostenlose Beratung

www.rockstar-trading.de/maximale-rendite

"Der beste Zeitpunkt, mit Investieren anzufangen, ist immer."

Saidi Sulilatu

SAIDI SULILATU

Saidi Sulilatu ist Youtuber und Podcaster beim unabhängigen Geldratgeber Finanztip. Als ehemaliger Finanz- und Honorarberater hat er jahrelang direkt mit Privatkunden gearbeitet und weiß daher aus eigener Erfahrung, welche Fehler Menschen beim Umgang mit Geld machen. Mit seinen Youtube-Videos und seinem Podcast „Geld ganz einfach" erreicht er zu Themen wie Geldanlage, ETFs, Altersvorsorge, Immobilien und Steuern jeden Monat hunderttausende Nutzer und erklärt, wie man seine Finanzen einfach selbst machen kann.

⊕ www.finanztip.de

▣ Finanztip

◉◉◉ Geld ganz einfach

Aktienfonds für Einsteiger - Alle Chancen und Risiken beim Vermögensaufbau einfach erklärt

---

Ein Interview mit Saidi Sulilatu

Finanzen können ganz einfach sein - davon ist der YouTuber und Finanzexperte Saidi Sulilatu überzeugt. Seine Mission: Mehr als 500.000 Zuschauern pro Monat den Zugang zu Finanzthemen erleichtern. Denn seiner Erfahrung nach vermuten viele hinter dem Thema Vermögensaufbau einen besonders hohen Risikofaktor und wissen vor allem nicht, wem sie dabei genau trauen können. Genau dort setzt der unabhängige Geldratgeber Finanztip an, für den Saidi seit zwei Jahren Empfehlungen über YouTube abgibt. Damit sich im besten Fall am Ende jeder traut, seine Investments selbst zu organisieren und eine eigene Strategie für den privaten Vermögensaufbau entwickelt.

DER SCHRITT IN DEN VERMÖGENSAUFBAU

Wer sich Saidis Karriere anschaut und auch sein gesammeltes Wissen mit einbezieht, könnte vermuten, dass er schon als Kind von einer Karriere im Finanzbereich träumte und seitdem auf diesen Traum hinarbeitete. Doch Saidi kommt eigentlich gar

---

nicht aus der Finanzbranche, sondern studierte zunächst Sozio-
logie. Erst nach seinem Studium im Jahr 2004 entdeckte er dann
sein Interesse für den Vermögensaufbau und arbeitete zunächst
als Finanzberater. Dabei fiel ihm auf, dass sich die Deutschen im
Vergleich zu anderen Industrienationen relativ wenig mit dem
Thema Aktien beschäftigen. Denn hierzulande standen und stehen eher Immobilien für den privaten Vermögensaufbau im Vordergrund.

Diese Tatsache ergibt sich für Saidi daraus, dass viele im Alltag
eine Fehlwahrnehmung von Aktien besitzen. Zum Beispiel stehst
du in der U-Bahn und liest auf einem Bildschirm die aktuellen
Aktienkurse. Dort steht, dass die BMW-Aktie um 2,1 Prozent gestiegen und die Aktie der Allianz-Versicherung um 0,7 Prozent
gesunken ist. In diesem Moment nimmst du Aktien als etwas
Tagesaktuelles wahr, dass jeden Tag rauf oder runter geht, mit
dem eher nur Experten viel Geld machen können und das für
unsereins eher riskant ist. Dazu tragen auch die Berichterstattun-
gen der Medien bei, die vor allem dann besonders viel berichten,
wenn Aktienwerte stark fallen oder eine bekannte Aktiengesellschaft wie Wirecard Insolvenz anmeldet.

UNSER TÄGLICHER UMGANG MIT AKTIEN

Doch diese Wahrnehmung erschafft laut Saidi ein falsches Bild
dieser Anlagemöglichkeit. Denn Aktien sind nichts anderes
als ein Abbild des gesamten wirtschaftlichen Systems, auf dem
letztendlich unser tägliches Leben beruht. Wir "benutzen" diese
Aktien auch jeden Tag, wenn wir bei Google etwas suchen, über
Amazon bestellen oder unser Samsung-Smartphone nutzen.
Deshalb sind Aktien grob beschrieben nichts anderes als eine
Möglichkeit, an den wirtschaftlichen Gewinnen dieser Firmen
teilzuhaben. Saidi ist sich daher sicher, dass langfristig gesehen
durch Aktien höhere Rendite möglich sind als durch traditionelle
Anlagemöglichkeiten wie Sparkonten, Bausparverträge oder Le-
bensversicherungen.

Doch dafür musst du das Risiko der Aktien minimieren und das funktioniert durch Exchange Traded Funds, kurz ETFs. Dort kannst du kostengünstig in sehr viele Aktien gleichzeitig investieren und das schon mit sehr geringen Beträgen. Damit ist diese Anlagemöglichkeit auch für Investoren interessant, die noch keine hohen Summen ansparen konnten und sich trotzdem ein Privatvermögen aufbauen möchten. Selbst Studenten, die nur 25 Euro pro Monat übrig haben, können so auch mit dem Vermögensaufbau starten.

SO ERKENNST DU EIN LUKRATIVES INVESTMENT

Wenn du dich für ein Aktieninvestment entscheidest, stehst du natürlich vor der Herausforderung, welche Aktien bzw. welcher ETF für dich besonders lukrativ sind. Doch Saidi stellt klar, dass die Lukrativität vom eigenen Anspruch abhängt. Besitzt du nämlich bisher nur ein Sparbuch mit 0,1 Prozent oder gar keinen Zinsen pro Jahr, dann sind für dich 5 bis 8 Prozent Rendite jährlich absolut lukrativ. Dieser Anspruch ist auch gerechtfertigt und nicht unrealistisch, denn es handelt sich dabei um Mittelwerte, die du langfristig erwarten kannst. Doch Saidi bemerkt auch immer wieder, dass Einsteiger im Aktienmarkt das schnelle Geld vermuten, ausgelöst beispielsweise durch einen enormen Anstieg bestimmter Aktien wie Tesla in den letzten Jahren.

Deshalb warnt er vor der Goldgräberstimmung sowie dem Fokus auf eine einzelne Aktie, die angeblichen Reichtum verspricht. Besser ist es, das Risiko möglichst gering zu halten und langfristig zu denken. Dann erwarten dich zwar im Durchschnitt möglicherweise nicht mehr als 5 bis 8 Prozent Rendite im Jahr, aber du gehst ein überschaubares Risiko ein und musst nicht täglich ängstlich die Kurse kontrollieren. Dabei sind diese Prozentwerte nur ein Richtwert, Saidi erlebte in der Vergangenheit auch plötzliche Kurssteigerungen um 30 Prozent, aber diese Prozente sind auch kurzfristig im Minusbereich möglich und deshalb sind Zahlen wie 5 oder 8 Prozent pro Jahr eben nur langfristig zu verstehen.

GEDULD ZAHLT SICH AUS BEI AKTIENINVESTMENTS

Der Faktor Geduld bei Aktieninvestments ist für Saidi besonders wichtig. Denn seiner Ansicht nach solltest du als Investor mindestens 15 Jahre einplanen, um Verluste zu vermeiden. Diese Ansicht lässt sich auch historisch belegen, wenn man beispielsweise einen ETF auf den Weltaktienindex MSCI World beobachtet, der die 1600 weltweit größten Aktiengesellschaften beinhaltet. Ein Blick auf die Geschichte zeigt, dass Aktionäre, die ihr Geld mindestens 15 Jahre in einen solchen ETF anlegten, noch nie einen Verlust hinnehmen mussten. Noch nie!

Selbst im schlimmsten Szenario gab es keine Verluste, wie zum Beispiel bei einem Einstieg im Jahr 2000. Dabei dauerte es tatsächlich 15 Jahre bis zur Gewinnzone, doch dann erreichten die Kurse extrem hohe Werte und sie liegen heute sogar noch darüber. Wer hingegen nur zwei oder fünf Jahre einplant, geht laut Saidi erhebliche Risiken ein und muss Markteinbrüche befürchten. Damit eignen sich ETFs auch gut als Maßnahme für die Altersvorsorge, um im hohen Alter von den Renditen profitieren zu können und die eigene Rente aufzubessern.

DER KOSTENFAKTOR EINES ETFS

Neben dem Faktor des vergleichsweise geringen Risikos existieren jedoch auch noch weitere Vorteile der ETFs. Einen großen Vorteil sieht Saidi in den niedrigen Kosten. Denn wenn du dir andere Angebote für die Altersvorsorge anschaust, stößt du demnach auf viel zu hohe Preise. Das gilt besonders für Fonds, die von Banken oder Versicherungen angeboten werden. Dort verlangen die Betreiber oftmals 1,5 bis 2 Prozent des angelegten Geldes als Gebühren. Bei einem ETF sind es hingegen 0,2 bis 0,5 Prozent. Somit fallen die Gebühren bei anderen Fonds vier- bis achtfach höher aus.

Außerdem handelt es sich bei einem ETF um ein börsengehandeltes Produkt, das jederzeit zugänglich und verfügbar ist. Das heißt für Saidi, sollte dir im Laufe deines Investments plötzlich doch noch eine bessere Anlagemöglichkeit einfallen, kannst du jederzeit deine Aktien wieder verkaufen und bekommst sofort den aktuellen Wert deines Investments zurück. Bei Immobilien oder anderen Anlageformen lässt sich dieser Vorgang schwerer umsetzen, denn dort kostet der Verkauf oder Ausstieg oftmals nicht nur Zeit, sondern auch zusätzliches Geld.

DER OPTIMALE ZEITPUNKT FÜR DEN EINSTIEG

Wer sich nun von den Grundlagen der Aktieninvestments begeistert zeigt und nach der richtigen Strategie für den Einstieg fragt, bekommt von Saidi einen simplen Tipp: Der beste Zeitpunkt für den Einstieg ist immer. Dieser Ratschlag entsteht aus der Gewissheit, dass sich kein Anleger eine Marktmeinung bilden sollte. Wenn sich zum Beispiel der DAX, der bedeutendste deutsche Aktienindex, auf einem Rekordhoch befindet, dann würdest du dich vielleicht fragen, ob das nun so weiter geht oder die Kurse morgen sinken. Diese Frage konnte und kann niemand zuverlässig beantworten. Am Ende ist es ein Glücksspiel, den optimalen Einstiegszeitpunkt zu treffen, weshalb es auch keine perfekte Strategie für den Einstieg gibt. Deshalb rät Saidi allen Einsteigern, nicht auf den perfekten Zeitpunkt zu warten. Denn der Kurs, bei dem du anfangs eingestiegen bist, spielt nach den eingeplanten 15 Jahren keine entscheidende Rolle mehr.

Trotzdem solltest du jetzt natürlich nicht dein gesamtes Erspartes in die Hand nehmen und wahllos auf irgendwelche ETFs verteilen. Sondern zunächst einen Sparplan erstellen, um die psychologische Hürde des Einstiegs zu nehmen und erste Erfahrung mit dem Investieren zu sammeln. Um eine grobe Zahl für eine monatliche Sparsumme zu nennen, schlägt Saidi als Einstieg einen Betrag von 25 Euro für Studenten, für Arbeitnehmer 100 bis 200 Euro und Gutverdiener 500 Euro vor. Dieser angelegte Sparplan entlastet dich zudem, da du nicht jeden Monat neu entscheiden musst, wie viel Geld du anlegen wirst.

DIE VERMEIDBAREN FEHLER BEI AKTIENINVESTMENTS

Bei der Entwicklung eines Sparplans oder generell der eigenen Strategie sieht Saidi auch das größte Risiko für Einsteiger. Denn er musste oft erleben, dass viele ohne einen konkreten Plan in Aktien und andere Anlagen investieren und sich keinen Kopf um ihre finanziellen Ziele und den Weg dorthin machen. Um diesem Fehler vorzubeugen, solltest du dir deshalb schon vorher überlegen, welches Vermögen du in 15, 20 oder 30 Jahren erzielen willst. Dafür eignen sich diverse Online-Rechner, die kostenlos zur Verfügung stehen. Dort trägst du beispielsweise ein, dass du ab sofort 15 Jahre lang monatlich 200 Euro sparen wirst und dafür voraussichtlich 6 Prozent Rendite bekommst. Somit hast du nach Ablauf dieser 15 Jahre 36.000 Euro eingezahlt und einen Wertzuwachs von 21.662 Euro erreicht, was einer Gesamtsumme von 57.662 Euro entspricht.

Exakt diesen Wert kannst du dir vorher anschauen und dann entscheiden, ob er dir ausreicht oder zu niedrig erscheint. Außerdem diszipliniert dich diese Summe, weil du vor Augen hast, dass sich ein plötzlicher Ausstieg aus dem ETF-Investment nicht lohnt. Gleichzeitig bemerkst du jedoch auch, welche Rendite sich als realistisch herausstellt und auf welche Gesamtsummen du dich einstellen darfst. Deshalb lohnt sich ein konkreter Plan, den du jederzeit im Detail noch anpassen kannst.

Außerdem rät Saidi dazu, sich bewusst zu machen, wie extrem die tägliche Beeinflussung bei einem Investment sein wird. Zum

Beispiel durch deinen regelmäßigen Medienkonsum, aber auch durch Freunde und Bekannte, die von einer besonders lukrativen Aktie schwärmen. Davon solltest du dich als Investor allerdings nicht beeinflussen lassen und auch nicht täglich auf deinen ETF starren. Besser ist es, einmal pro Jahr nachzuschauen und dann evtl. Anpassungen vorzunehmen. Für Saidi selbst hat sich diese Taktik bewährt, denn er überprüft seine Anlagestrategie auch nur jährlich und ließ sich beispielsweise auch nicht beunruhigen, als die Kurse 2020 zum Beginn der Corona-Krise enorm abstürzten.

SAIDIS PERSÖNLICHE ANLAGESTRATEGIE

Insgesamt verfolgt Saidi auch bei seinen privaten Anlagen die Strategie, auf solide und sichere Anlagen zu setzen. Früher probierte er noch viele verschiedene Investments aus, zum Beispiel besaß er Solar-Aktien, Anteile an einem China-Fond und auch verschiedene Zertifikate. Doch diese Strategie erwies sich nicht wirklich als lukrativ, denn zwar konnte er mit einigen Anlagen hohe Rendite erreichen, doch musste dafür auch hohe Verluste hinnehmen. Deshalb vereinfachte Saidi seine privaten Anlagen, fokussierte sich stattdessen auf ETFs und bereute diese Entscheidung bis heute nicht.

Seiner Meinung nach müssen Investments nicht kompliziert sein, denn er war bisher am erfolgreichsten, wenn er nicht zu viele Gedanken rund um neue Anlagemöglichkeiten zuließ. Es reicht oftmals schon ein einziger Welt-ETF, um die gewünschten Rendite zu bekommen. Außerdem bleibt so viel mehr Zeit für die wirklich wichtigen Dinge des Lebens, die bei vielen Einsteigern durch endlose Planungen und Überlegungen oftmals zu kurz kommen. Wenn du dann trotzdem das Risiko brauchst und am Ende spekulieren willst, nutze dafür ein separates Depot und plane dieses Geld wirklich nur als "Spielgeld" ein.

DER ERSTE SCHRITT FÜR DEINE RENDITE

Wer heute starten möchte, braucht zunächst ein Wertpapier-Depot. Dieses lässt sich zum Beispiel über deine Bank mit deinem Girokonto verknüpfen, wenn du alles an einer Stelle abwickeln möchtest und dir der Aufwand ansonsten zu hoch erscheint. Daneben existiert allerdings auch die Möglichkeit, dieses Wertpapier-Depot über einen sogenannten Online-Broker anzulegen. Das ist auch schon per App möglich und dauert nur ein paar Minuten. Für Saidi bietet diese Möglichkeit einige Vorteile: Zum einen ist das Depot so vom Girokonto getrennt, was automatisch dazu führt, dass du die Kurse nicht dauernd überprüfst.

Zum anderen sind auch die Gebühren der Online-Broker wesentlich niedriger, wie zum Beispiel bei Trade Republic, Smartbroker oder der Onvista Bank. Diese erforderlichen Gebühren beim Aktienhandel könntest du generell als Hürde empfinden, die dich vielleicht sogar am Einstieg in den Aktienmarkt hindert, weshalb sie besonders niedrig sein sollten. Hast du dich für ein Wertpapier-Depot entschieden, suchst du dir anschließend einen einzigen weltweiten ETF raus und setzt einen Sparplan auf. Dabei hat Saidi die Erfahrung gemacht, dass Einsteiger immer weniger investieren als sie sich leisten könnten, was für den Start jedoch vollkommen Sinn macht.

Die dabei festgelegte Sparplanrate lässt sich jedoch jederzeit verändern, deshalb ist es besser, dort nicht zu viel Zeit für Überlegungen zu opfern. Außerdem kannst du auch jederzeit weniger Geld einzahlen, wenn du mal in finanzielle Engpässe gerätst. Wichtig ist es, sich einfach mal zu trauen und kleine Beträge zu investieren. Dadurch verlierst du die Skepsis gegenüber Investments sowie Aktienfonds und kommst deinem Ziel einen Schritt näher, langfristig eine hohe Rendite zu erreichen.

„Das Grundprinzip lautet Streuung: breit gestreut, nie bereut."

Christian W. Röhl

CHRISTIAN W. RÖHL

Christian W. Röhl ist Kapitalmarkt-Profi mit 25 Jahren Erfahrung, verwaltet heute vor allem sein eigenes Vermögen und teilt seine Einsichten in Vorträgen und Workshops für Banken, Unternehmer und Privatanleger. Daneben moderiert der Autor des manager magazin-Bestsellers „Cool bleiben und Dividenden kassieren" den Youtube-Kanal echtgeld.tv sowie reichweitenstarke Twitter- und Instagram-Kanäle (@CWRoehl).

🌐 www.dividendenadel.de

▶ echtgeld.tv

📷 @CWRoehl

🐦 @cwroehl

Der Schlüssel zur maximalen Rendite ist Diversifikation

Ein Interview mit Christian W. Röhl

Wenn sich jemand mit Finanzen und Vermögensverwaltung auskennt, dann ist es Christian W. Röhl. Der Finanzexperte aus Berlin beschäftigt sich seit 25 Jahren mit dem Kapitalmarkt und konnte als Berater schon zahlreiche Unternehmen beim Börsengang begleiten. Auch seine eigene Firma brachte er an die Börse und verkaufte dann die Mehrheit seiner Anteile an einen führenden europäischen Medienkonzern. Seit dem Verkauf ist er als Vermögensverwalter in eigener Sache tätig. Weil er aber diese Tätigkeit nicht nur still ausführen möchte und gerne kommuniziert, gibt er sein berufliches Wissen und seine Erfahrungen als Investor an Interessierte weiter. Dazu gehören Workshops, Vorträge an Hochschulen, eigene Bücher und Auftritte als Speaker und Berater – immer mit dem Fokus, Vermögen zu verwalten, zu bewahren und zu mehren.

DIE ENTWICKLUNG EINER VERMÖGENSANLAGE-STRATEGIE

Der Einstieg in die Vermögensverwaltung entstand für Christian Röhl in dem Moment, als er die Anteile seines Unternehmens Ende 2007 an einen europäischen Medienkonzern verkaufte. Denn zuvor besaß er als Unternehmer sein gesamtes Vermögen

---

in den Unternehmensanteilen. Doch nach dem Verkauf hatte er diese Anteile gegen Kapital eingetauscht. Dadurch entstand die einerseits komfortable Situation, das Geld zu besitzen, aber andererseits auch der Druck, mit diesem Geld nun arbeiten zu müssen. Schnell erkannte er dabei das Investment in Aktien und damit die Beteiligung an Unternehmen als eine tragende Säule der Vermögensverwaltung. Sein Fokus liegt dabei auf etablierten Unternehmen, die bereits stabile Cashflows erzielen und ihren Aktionären dann sogenannte Dividenden auszahlen. Damit sind Teile des Gewinns gemeint, den eine Aktiengesellschaft oder eine andere Kapitalgesellschaft an ihre Aktionäre oder Anteilseigner ausschüttet.

Doch zunächst musst du dich als Anleger für eine Strategie entscheiden und bei Christian Röhl fiel diese Entscheidung auf das Prinzip "Streuung". Denn sein Leitsatz lautet "Breit gestreut - nie bereut". Er ist sich sicher, dass niemand weiß, was die Zukunft bringt und es sich deshalb nicht lohnt, sein gesamtes Vermögen auf eine Aktie zu setzen. Besser ist es also, dass du dich breit aufstellst und so natürlich nicht in jedem Bereich maximale Rendite erreichen kannst, aber so insgesamt dein Vermögen vermehrst. Doch insgesamt muss Christian Röhl direkt einlenken, wenn sich Anleger nun eine universelle Formel für maximale Rendite erhoffen. Denn es kommt dabei auf die Lebensumstände jeder Einzelperson an sowie auf den aktuellen Wissensstand und den Grund für das Investment.

DEIN EINSTIEG ALS INVESTOR

Gehen wir also beispielsweise von dem Szenario aus, dass du dein Vermögen bereits angespart, aber noch nicht investiert hast. Wenn nun der Wunsch entsteht, mit diesem Geld ein Investment zu tätigen, sind gewisse Grundkenntnisse über die verschiedenen Möglichkeiten nötig. Denn du hast prinzipiell die Wahl zwischen Investments mit Fremdkapital und mit Eigenkapital. Beim Fremdkapital handelt es sich um das klassische Zinsgeschäft und du leihst jemandem Geld. Das funktioniert über die Bank oder über Anleihen. Der Begriff Anleihen beschreibt Schuldtitel, die in der Regel an der Börse gehandelt werden. Wer eine Anleihe verkauft, erhält dafür Geld, sozusagen einen Kredit von dem Käufer. Mit der Anleihe wird bestätigt, dass der Käufer ein Recht auf Rückzahlung des gezahlten Geldes sowie auf Zinsen hat.

Allerdings ist dieser Zins in den letzten Jahren immer weiter gesunken und befindet sich bei verschiedenen Staaten, wie der Bundesrepublik Deutschland, sogar in einem Minusbereich. Oder aber du verwendest dein Eigenkapital und beteiligst dich an einem Unternehmen, wirst damit also Mitunternehmer und bekommst somit auch einen Anteil am Gewinn. Diese Anteile besitzt du dann zum Beispiel in Form von Aktien. Damit erhöht sich dein eigener Gewinn, wenn der Gewinn des Unternehmens steigt, an dem du beteiligt bist. Und exakt diesen Gewinn, der dir dann ausgezahlt wird, nennt sich Dividende. Für Christian Röhl zeigt sich dabei schon der Vorteil einer Aktie, die im besten Fall ihren Wert steigert und dadurch laufende Erträge sichert.

DIE AUSWAHL EINER PASSENDEN ANLAGEMÖGLICHKEIT

Wenn du dein Vermögen investieren möchtest, solltest du also zuerst mit den verschiedenen Anlageklassen beschäftigen sowie die Anlagemöglichkeiten vergleichen. Ein Blick auf die beliebte Anlageklasse Immobilien zeigt laut Christian Röhl dabei schon ein entscheidendes Problem. Denn als Privatanleger besitzt du im Normalfall nicht die finanziellen Mittel, um 100 Immobilien zu kaufen. Stattdessen fokussierst du dich als Anleger zum Beispiel auf eine Eigentumswohnung. Dieses Objekt verschlingt dann nicht nur deine Zeit, sondern kann trotz Mieter auch finanzielle Schäden verursachen, wenn beispielsweise Renovierungen anstehen oder der Mieter im schlimmsten Fall seine Miete nicht bezahlt.

Bei Aktien hingegen gibt es diese Hürden nicht. Denn du kannst dich an sehr vielen verschiedenen Firmen beteiligen und wirst damit sozusagen ein Partner der erfolgreichen Unternehmer, wie Bill Gates, Jeff Bezos oder dem deutschen Unternehmer Erich Sixt. Dabei handelt es sich um kleine Beträge, die du in einem regulierten Rahmen investierst. Somit kannst du jederzeit beispielsweise eine Sixt-Aktie kaufen und verkaufen. Der Preis schwankt zwar, aber eine Aktie ist grundsätzlich liquide und fungibel. Das bedeutet, sie ist zahlungsfähig und alle Aktien besitzen die gleiche Beschaffenheit. Wenn es für das Unternehmen besonders gut läuft, steigt auch der Wert der Aktie. Doch immer, unabhängig vom aktuellen Kurs eines Unternehmens, bekommst du für deine Aktie eine Beteiligung am Gewinn. Somit lässt sich eine Aktie für einen vergleichsweise geringen Kapitaleinsatz breit streuen, zum Beispiel über verschiedene Länder und Währungen hinweg.

VON DER EINZELAKTIE ZUM ETF

Oftmals erwecken Aktien den Eindruck einer unsicheren Wertanlage, da die Börsenkurse sich täglich ändern und Einsteiger das Gefühl bekommen, innerhalb eines Tages könnte sich ein Vermögen komplett in Luft auflösen. Doch da möchte Christian Röhl widersprechen, denn Anlegern sollte klar sein, dass es sich bei Aktien um verbriefte und regulierte Unternehmensanteile handelt. Diese existieren auch dann weiter, wenn sie nicht an der Börse gehandelt werden.

Wer sich für eine Anlage in Aktien entscheidet, muss dabei zunächst seine eigene Ausgangssituation und die Ziele einschätzen, denn es gibt verschiedene Herangehensweisen. Eine Möglichkeit wäre dabei, dass du dir zwei bis drei Aktien aussuchst und dein gesamtes Vermögen investierst. Dabei fällt das Risiko natürlich höher aus, denn exakt diese Aktien könnten im Wert sinken oder gleichbleiben.

Für ein langfristiges Aktien-Portfolio empfiehlt Christian Röhl als Minimal-Umfang 20 – 30 Positionen. Wenn dann eine Aktie nicht performt oder sogar erheblich im Wert sinkt, können andere positive Aktien diesen Verlust auffangen. Außerdem sollte der Anteil an einem Unternehmen und damit der Aktienwert beim Kauf laut Christian Röhl nicht unter 2.000 Euro liegen. Werden diese 2.000 Euro mit den 20 Positionen des Aktien-Portfolios multipliziert, liegt seine Empfehlung für eine Mindestinvestition somit bei 40.000 Euro. Dabei möchte Christian Röhl klarstellen, dass natürlich auch viel geringere Summen möglich sind. Doch jeder Aktienbesitzer beschäftigt sich mit der Auswahl seiner Aktien und investiert Zeit, weshalb die Summen diesem Aufwand entsprechen sollten.

Zudem gibt es jedoch auch die Möglichkeit für dich, zwar von den positiven Eigenschaften einer Aktie zu profitieren, doch das Risiko möglichst klein zu halten. Für Christian Röhl ist klar, dass dieser Ansatz im Trend liegt, denn immer mehr Menschen möchten ihr Geld nicht liegen lassen und am Fortschritt der Volkswirtschaft teilnehmen. In einem solchen Fall bietet sich ein ETF-Depot verschiedener Aktien an, die sich darüber breit streuen und trotzdem überblicken lassen. Für Christian Röhl ist ein ETF die "Einstiegsdroge" in den Aktienmarkt, um einfach mal auf simple, kostengünstige, transparente Weise breit gestreut – indirekt – Aktionär zu werden.

DIE AUSWAHL EINES PASSENDES ETFS

Doch es existieren viele ETFs, daher solltest du dir als Einsteiger die Frage stellen, bei welchem ETF sich eine Anlage lohnt. Für Christian Röhl gibt es da keine perfekte Strategie, sondern nur die Entscheidung, was du als Anleger dafür einsetzen willst. Willst du zum Beispiel einfach im Strom mitschwimmen und setzt auf Sicherheit, dann ist ein breit aufgestellter Welt-ETF mit Abstand die beste, einfachste, kostengünstigste und auch sicherste Lösung. Doch es gibt auch eine andere Strategie und diese bewegt sich fernab vom "Einheitsbrei", wie Christian Röhl ihn nennt. Denn der Index eines Welt-ETFs umfasst immer nur eine festgelegte Auswahl an Unternehmen, an denen sich ein Anleger beteiligen kann. Wenn du dich dort eingeschränkt fühlst und dich stattdessen mit einer eigenen Auswahl verwirklichen möchtest, kannst du die von dir bevorzugten Aktien auch selbst auswählen.

Dabei lohnt es sich, zunächst die Themen festzulegen, die dich besonders beschäftigen. Solltest du dich zum Beispiel auf nachhaltige Unternehmen spezialisieren, muss klar sein, was damit überhaupt gemeint ist. Wann sind Unternehmen nachhaltig? Welche Merkmale muss ein Unternehmen erfüllen, damit es deiner Meinung nach ein Potenzial bietet? Welche Produkte, zum Beispiel Waffen oder Alkohol, darf es gar nicht anbieten? Mit diesen eigenen Kriterien lässt sich danach ein passender ETF aussuchen, der bestimmte Themenbereiche umfasst.

Ähnlich verhält es sich mit Aktien, die dem eigenen Berufsfeld oder Wissensbereich entsprechen. Wenn du zum Beispiel in einem Krankenhaus arbeitest und seit Jahren bemerkst, dass ein bestimmtes Medizintechnik-Unternehmen sehr innovative Produkte entwickelt und zum Marktführer gehört. Dann macht es definitiv Sinn, eine Aktie dieses Unternehmens mit in dein Aktienportfolio aufzunehmen. Natürlich solltest du nicht dein gesamtes Vermögen auf dieses eine Unternehmen setzen, doch deine berufliche Erfahrung und dein gesammeltes Wissen können dir bei der Auswahl einer Aktie helfen.

DIE IDEALE INVESTITIONSSUMME FÜR DEN EINSTIEG IN ETFS

Ein weiterer Vorteil für Einsteiger besteht in der niedrigen Investitionssumme, die für einen ETF vorgegeben werden. Denn aktuell lässt sich ein ETF-Depot schon mit einer Sparsumme von 25 Euro pro Monat betreiben, was bedeutet, dass monatlich mindestens 25 Euro von dir in das Depot eingezahlt werden müssen. Wie viele Positionen ein ETF besitzt, ist unterschiedlich. Meistens sind eine dreistellige, häufig sogar eine vierstellige Anzahl von Unternehmen enthalten.

DER ZEITFAKTOR ALS RISIKO FÜR EINSTEIGER

Für Einsteiger kann sich hinter dem Zeitfaktor und damit dem Zeitverlust auch ein hohes Risiko verbergen. Denn Christian Röhl zeigt sich zwar grundlegend begeistert über die Euphorie, mit der besonders junge Menschen der Börse und Finanzthemen allgemein gegenüber stehen. Doch oftmals unterschätzen Einsteiger diesen Zeitaufwand, der ihnen an anderer Stelle fehlt. Die Frage lautet nämlich: Lohnt es sich für dich, deine Freizeit vollkommen in die Auswahl der richtigen Anlagestrategie zu stecken? Oder fehlt dir diese Zeit dann am Ende für berufliche Weiterbildungen oder sogar eine Firmengründung, mit der sich viel höhere Gesamteinnahmen generieren lassen?

Dabei kann auch noch ein weiterer Fehler im Hinblick auf den Zeitfaktor entstehen. Denn ein ETF ist grundsätzlich dafür ausgelegt, mehrere Jahre oder sogar Jahrzehnte zu bestehen, ohne täglich die aktuellen Kurse überprüfen zu müssen. Doch Christian Röhl hat es immer wieder erlebt, dass Einsteiger zum Beispiel Facebook-Gruppen besuchen und sich plötzlich von den Meinungen der anderen Anleger beeinflussen lassen. Zum Beispiel im Hinblick auf Gebühren oder vermeintliche Sparangebote, die noch höhere Gewinne versprechen und nur jetzt abgeschlossen werden können. Du legst dir dann eine Tabelle an, rechnest alles stundenlang durch und wechselst am Ende das Depot, nur um vielleicht 5 Euro pro Jahr zu sparen. Deshalb rät Christian Röhl, zu seiner Entscheidung für ein ETF zu stehen und es bei einem einfachen Portfolio nur einmal pro Jahr zu überprüfen. So bleiben der Zeitaufwand und die Möglichkeiten der Beeinflussung geringer.

SO LANGE DAUERT ES BIS ZUR MAXIMALEN RENDITE

Generell sollten Anleger den Zeitfaktor auch bei der möglichen maximalen Rendite nicht unterschätzen. Denn Christian Röhl nennt eine Mindestzeit von fünf Jahren, bis eine Aktie oder ein ETF sich finanziell lohnt. Wer nicht von Anfang an fünf Jahre für ein Aktieninvestment mitbringt, der sollte nicht in Aktien investieren. Denn dann handelt es sich nicht um ein Investment in ein Unternehmen, sondern laut Christian Röhl um pure Spekulation. Natürlich kann es passieren, dass eine heute gekaufte Aktie in der nächsten Woche um 30 Prozent im Wert steigt, weil sich vielleicht der Markt überraschend gut entwickelt. Doch diese Entwicklung kann auch in die andere Richtung passieren und hohe Verluste verursachen. Deshalb ist es wichtig, dass du viel Zeit einplanst, um dich auch psychisch nicht zu sehr unter Druck zu setzen.

Dabei ist es für Christian Röhl entscheidend, diese fünf Jahre zwar als Mindestzeit zu verstehen, jedoch nicht einen Stichtag festzulegen. Denn exakt in diesem Jahr könnten die Werte durch bestimmte Ereignisse extrem sinken. Somit lohnt es sich für dich, die Mindestzeit von fünf Jahren einzuplanen und gleichzeitig flexibel zu bleiben, um noch ein paar weitere Jahre abwarten zu können. Ein Beispiel ist das Jahr 2020, denn Anleger hätten bei einem Aktienverkauf am 19. März ca. 30 Prozent weniger Erlös generieren können als im Dezember 2020. Wer sich also den 19. März als Stichtag gesetzt hatte und nicht abwarten konnte, verlor so einen hohen Anteil seiner Rendite. Noch besser ist es allerdings, einen ETF als Investition für 20 bis 30 Jahre zu verstehen und sich letztendlich nur eine grobe Jahreszahl für den Verkauf seiner Aktien festzulegen.

Wenn du beispielsweise mit 65 Jahren in Rente gehst und deine Rendite des ETFs benötigst, lohnt sich eine Marktbeobachtung ab 60 Jahren, um den für dich passenden Zeitpunkt für den Verkauf zu ermitteln. Dass sich diese Tipps für Anleger auch auszahlen, beweist Christian Röhl mit seinen eigenen privaten Investitionen. Auch dort setzt er auf das Prinzip der Streuung. Sein Grundsatz lautet "Vermögen entsteht durch Konzentration. Vermögen bewahren lässt sich durch Diversifikation". Dabei investiert Christian Röhl auch in Bitcoin und Gold, die keine laufenden Erträge abwerfen, so dass die Rendite nur aus Preissteigerungen resultieren kann. Doch grundlegend sieht er die größten Rendite-Potenziale im Bereich Aktien und ETFs.

SO FUNKTIONIEREN AKTIEN UND ETFS ALS VERMÖGENSANLAGE-STRATEGIE

Wenn du heute starten möchtest, um schnellstmöglich maximale Rendite zu erreichen, brauchst du ein grundlegendes Verständnis der verschiedenen Anlageklassen und dessen Grundprinzipien. Dabei haben sich für Christian Röhl unter anderem Bücher über das Thema bewährt, zum Beispiel "Souverän investieren mit Indexfonds und ETFs" von Gerd Kommer oder natürlich sein eigenes Buch "Cool bleiben und Dividenden kassieren". Wer sich stärker auf die Börse fokussieren möchte, kann auch auf "Der Börse einen Schritt voraus" von Peter Lynch und John Rothchild zurückgreifen.

Danach solltest du dir deinen persönlichen Plan festlegen und entscheiden, welche Strategie am besten zu dir passt und wie viel Geld dir zur Verfügung steht. Außerdem rät Christian Röhl allen Einsteigern dazu, einfach mal loszulegen und nicht ewig lange zu überlegen. Durch die geringen Einstiegshürden bei einem ETF bekommst du so relativ schnell einen Einblick in den Aktienmarkt und ein Gefühl dafür, ein Aktionär zu sein. Wenn du dann cool bleibst und dich auf deine Ziele fokussierst, kannst auch du am Ende maximale Rendite erreichen.

„Das Finanzamt bestraft, wer in den ersten drei Jahren zu viel in die Immobilie steckt.“

Thomas Knedel

THOMAS KNEDEL

Thomas Knedel, Jahrgang 1968, ist mobilieninvestor aus Leidenschaft. Bereits als Schüler der elften Klasse beschloss er, diesen Weg zu gehen. Gleich nach seiner Ausbildung zum Bauingenieur und Immobilienökonom investierte er bereits 1998 in sein erstes Mehrfamilienhaus. Heute investiert Thomas vorzugsweise in Mehrfamilienhäuser und Wohnanlagen mit Aufwertungs potenzialen (Buy & Hold und Fix & Flip), gerne zusammen mit Co-Investoren. Zudem gibt er sein Wissen online (über Foren, Videokurse und Webinare) und persönlich (über Seminare, einen jährlich stattfindenden Kongress sowie Coaching-Programme) an interessierte Immobilieninvestoren weiter. Darüber hinaus hat er sich auf die Bereitstellung von Ressourcen, Vorlagen und Software für Investoren spezialisiert.

Impressum

Immopreneur.de

Inh. Thomas Knedel

Ferdinandstraße 14

D-61348 Bad Homburg

+49 (0) 6172 - 9437377

+49 (0) 3121 - 6623671

 www.immopreneur.de

 service@immopreneur.de

Immobilien
Langfristige und lukrative
Renditeobjekte?

Ein Beitrag von Thomas Knedel

Immobilien gelten schon seit langer Zeit als wertbeständige, sichere und risikoarme Investmentobjekte. Noch immer setzen viele Anleger auf Immobilien als Renditeobjekte, um sich ihr Vermögen aufzubauen, fürs Alter vorzusorgen oder das Objekt im Zweifel selbst nutzen zu können. Besonders durch den Wohnungsmangel in Großstädten hält der Hype um Immobilien weiter an und kann gut zum Investieren genutzt werden.

Das alles ist aber nur dann gegeben, wenn du auch die richtige Immobilie findest. Demnach muss der Kauf sehr gut geplant und durchdacht werden.

Thomas Knedel ist ein erfolgreicher Immobilieninvestor und verrät dir im folgenden Kapitel, auf was du bei Immobilien als Renditeobjekt achten solltest.

DER GEEIGNETE STANDORT FÜR DEIN INVESTMENT

Vor einem langfristigen Buy&Hold-Investment mit positivem Cashflow steht immer zuerst die effektive Suche nach einem geeigneten Standort. Ihn zu finden ist heutzutage, in Zeiten des Internets, kein Problem. Die Welt da draußen ist voller Daten und Informationen, alles steht uns zur Verfügung. Die Kunst ist, die richtigen Daten zu finden, sie auszuwerten und dann die richtigen Schlüsse zu ziehen. Doch diese musst du nicht selbst ziehen - nutze dazu auch das Know-how spezialisierter Datenanbieter, -portale und Immobiliengutachter. Als Investor musst du nur deine Rahmendaten festlegen und dann deine Immobilien aussuchen.

Ein Beispiel, damit dies nachvollziehbarer wird: Nehmen wir die Gegend von Frankfurt am Main. Jeder weiß, dass die Mainmetropole ein guter, nachhaltiger Standort ist, der auch noch in vielen Jahren hervorragend sein wird. Daran gibt es eigentlich nichts zu rütteln. Also kaufst du eine Immobilie in Frankfurt für deine Langfriststrategie? Nein, das würde ich heute nicht mehr oder nur in ganz bestimmten Situationen tun. Derzeit jedenfalls nicht und schon gar nicht, wenn du gerade erst mit dem Investieren in Immobilien beginnen und nicht gleich zum Immobilienhändler werden möchtest (neudeutsch nennen wir diese Strategie „Fix & Flip"). Warum ich davon abrate? Du wirst kaum eine passende Immobilie zu einem adäquaten Preis in Frankfurt finden, die einen positiven Cash-Flow erzeugen kann. Der einfache Hintergrund: Schaue einmal in immobilienscout24.de und suche nach vermieteten Mehrfamilienhäuser zum Kauf in Frankfurt in einer mittleren Lage, beispielsweise im Stadtteil Preungesheim. Du wirst schnell erkennen, dass weder die Zahl der Angebote auskömmlich ist noch die Preise besonders ansprechend sind. Also müssen wir uns hier etwas anderes einfallen lassen.

Also fahren wir einmal raus aus Frankfurt. Doch welche Standorte sind für private Immobilieninvestments, die sich langfristig rechnen, wirklich geeignet? Ich persönlich investiere nur in Standorte, die über eine vernünftige Infrastruktur und Verkehrsanbindung verfügen, bei denen die Bevölkerung nicht abwandert und der Beschäftigungsgrad stimmt. Auch sollte die Bevölkerungsstruktur nicht überproportional „veralten". Keine Angst: Ich möchte dich nicht zum Standortgutachter ausbilden. Aber nutzen wir doch die vorhandenen Ergebnisse für unsere Zwecke aus. Gehe beispielsweise auf www.wegweiser-kommune.de und gib dort die von dir ins Auge gefasste Gemeinde ein. Nimm dir einmal eine ganze (!) Stunde Zeit und versuche, alles über diese Gemeinde in Erfahrung zu bringen. Du wirst erstaunt sein, wie facettenreich deine Erkenntnisse sein werden. Ganz wichtig ist hierbei zu vergleichen, denn was helfen dir die schönsten Analyse, wenn du diese nicht in Beziehung zu anderen Datensätzen bzw. Standorten bringst? Vergleich die Zahlen und Prognosen aus Wegweiser Kommune unbedingt mit den aktuellen Daten, die du auf anderen Portalen findest, idealerweise direkt bei der Gemeinde, der Wirtschaftsförderung oder beim entsprechenden Landesamt für Statistik. Du wirst feststellen, dass es hier durchaus signifikante Unterschiede geben kann. Grund dafür ist, so schön Wegweiser Kommune auch ist, dass die dort hinterlegten Daten ein gewisses Alter haben. So wird beispielsweise der enorme Zuzug durch Flüchtlinge in vielen Regionen überhaupt nicht berücksichtigt.

Da man über die Standortanalyse allein schon mehrere Bücher schreiben kann, werde ich dir hier nur einen ersten Einblick in dieses Thema geben. So viel möchte ich dir jedoch versichern: Es ist absolut entscheidend, dass du hier die richtige Wahl triffst. Denn was nützt dir ein Standort, bei dem du deine Investmentimmobilie zwar günstig erwirbst, aber in zehn Jahren kaum noch einen Mieter findest? Entscheidend ist also, dass es sowohl heute als auch in zehn Jahren noch einen Miet- als auch Investmentmarkt gibt. Frage doch mal ein, zwei Makler, wie lange sie derzeit benötigen, um eine Wohnung zu vermieten. Allein dies wird dir die Augen öffnen.

WELCHE ART VON IMMOBILIEN IST BESONDERS GUT FÜR ANGEHENDE PRIVATINVESTOREN GEEIGNET?

Nachdem wir uns mit der pragmatischen Standortanalyse befasst haben, nähern wir uns jetzt der Immobilie selbst. Welche Immobilien besonders gut für private Investoren geeignet sind, hängt von vielen Faktoren ab. Im Prinzip ist doch jede Immobilie für ein Investment geeignet, solange sie ein Schnäppchen ist und beim Sparen von Steuern hilft – denkst du vielleicht. Vom Grundsatz her ist das auch gar nicht so abwegig. Dennoch möchte ich diese Denkweise ein wenig aufweichen und dich dabei unterstützen, nicht in unnötige Fallen zu tappen.

Beginnen wir ganz grundsätzlich mit der Nutzung der Immobilie. Klar ist, dass sich Lagerhallen, Fabriken, Hotels und Bürogebäude rechnen können. Sicher kennst du die Meldungen von Großdeals und Großbauvorhaben, bei denen die Beteiligten zig Millionen verdient haben – solche Immobilien sind aber schlichtweg ungeeignet für angehende Privatinvestoren! Sie sind zu komplex, mit unzähligen Risiken behaftet und vor allem auch zu groß. Denke nur an die vielen Spezialverträge, die Spezialfinanzierung sowie die nahezu irrwitzig großen Summen, die dafür auf den Tisch gelegt werden müssen. Lassen wir das also und widmen uns realistischen, wenngleich etwas langweiligeren Investments: klassischen Wohnimmobilien.

Du suchst also nach Wohnimmobilien. Wie wäre es mit einem Bungalow, Baujahr 2014, mit Luxusausstattung, Sauna, Schwimmbad und allem, was dazugehört? Auch wenn jeder davon träumt, in einer solchen Luxusimmobilie zu leben, werden die wenigsten es sich leisten können, von den Kaufpreisen gar nicht erst zu reden. Aber genau dies ist entscheidend: die Relation von Kaufpreis (oder Herstellungskosten) zu den möglichen Mieteinnahmen. Schauen wir uns darum nach bodenständigeren Immobilien um, bei denen die Relation von Kaufpreis zu erzielbarer Miete erfahrungsgemäß oft viel besser passt.

Vorerst interessieren uns „normale" Wohnimmobilien ohne wirklichen Luxus. Solche Immobilien haben das größte Potenzial, sich zu rechnen bzw. einen auskömmlichen Cashflow zu generieren. Und dies ist ja genau das, was wir als Investoren wollen: eine passable Rendite erwirtschaften.

Wir suchen uns demnach eine gängige, durchschnittliche Wohnimmobilie in einer passablen Lage. Die Wohnungen sollten so gestaltet sein, dass sie jederzeit problemlos vermietet werden können. Verzichte also auf exotische Wohnungsgrößen und Grundrisse. Betrachte jede Wohnung immer aus dem Blickwinkel deiner Zielgruppe – den künftigen Mietern. Wer sind diese? Familien mit Kindern? Berufstätige Paare? Dies ist grundlegend, denn du kaufst die Wohnungen nicht für dich, sondern für deine künftigen Mieter. Tipp: Vergleiche die Angebots- und Nachfragesituation je Wohngröße in den großen Immobilienportalen. So wirst du schnell wissen, welche Wohnungsgrößen gefragt sind.

Widme dich auch den Verkäufern der passenden Immobilien: Welchen Verkäufertyp möchtest du anvisieren? Jemand, der seine Immobilie schon seit vielen Jahrzehnten sein Eigen nennt, Freude an der Vermietung hat und nur einmal schauen möchte, welchen Preis er beim Verkauf erzielen könnte? Oder ist vielleicht der Verkäufer interessant, der gerade ins Ausland gezogen ist und dem die Verwaltung der Liegenschaft ein wenig über den Kopf wächst? Die Antwort ist einfach: Du wirst in den meisten Fällen dort günstig (und zügig!) kaufen können, wo der Verkäufer auch wirklich verkaufen möchte, also im letzteren Fall. Idealerweise steht der Verkäufer unter einem gewissen Zugzwang, weil er zum Beispiel kurzfristig Geld für einen Wohnungswechsel benötigt.

Wenn du deinem strategischen Immobilieneinkauf noch ein gewisses Extra verleihen möchtest, empfehle ich, dich einmal mit folgender Spezialstrategie zu befassen: Ganz gezielt nach Immobilien suchen, die noch ein gewisses Defizit aufweisen. Wo es ein Problem gibt, das du selbst leicht lösen kannst. Ein Beispiel? Im Jahr 2009 habe ich ein Dreifamilienhaus mit einem großen Grundstück gekauft. Damals ereignete es sich, dass die Verkäuferin des Hauses sich plötzlich einer Operation unterziehen musste. Da das Haus dennoch verkauft werden sollte, kümmerte sich der

Schwager der Dame um die weitere Abwicklung des Deals. Es kam, wie es kommen musste: Die Verkäufer vergaßen, dass sie sich dazu verpflichtet hatten, binnen der nächsten vier Wochen einen Schuppen abzureißen, der eine Durchfahrt zum Nachbargrundstück erschloss. Um es abzukürzen: Ich versicherte den Verkäufern, dass ich den Abbruch sofort (auf meine Kosten) übernehmen würde, wenn ich den Zuschlag erhalten würde. Da die Verkäufer mehr und mehr unter Druck standen, willigten sie ein und ich ließ den Schuppen für gerade einmal knapp 4.000 EUR abbrechen. Mir gelang es, auf diese Weise an eine damals schon heiß begehrte Immobilie zu kommen – nur, weil ich das Problem eines anderen löste.

Um im Folgenden nun konkret zu werden, möchte ich dir eine Beispielimmobilie vorstellen. Bei dem Haus handelt es sich um einen echten „Rohdiamanten". Es verfügt über insgesamt sieben Wohnungen und ein recht großes Grundstück, Baujahr 1970 mit den typischen Problemen, über die so ein Haus verfügt. Der Plan ist, das Haus zu kaufen, mit der Zeit zu renovieren, die Mieten zu steigern sowie Neuvermietungen vorzunehmen, wo sie notwendig werden. Weiterhin soll das vierte Jahr dazu genutzt werden, die Immobilie auf besonders steuersparende Art wieder in Schuss zu bringen.

MIT WELCHEN RENDITEN UND MIETEINNAHMEN KANNST DU RECHNEN?

Da jeder etwas anderes unter dem Thema Rendite versteht, sollten wir zunächst genau klären, was wir meinen. Nehmen wir die erwähnte Beispielimmobilie. Sie stammt aus dem Jahr 1970, ist baulich nicht mehr perfekt und hat sieben Wohnungen. Das Haus wird über einen Makler gekauft und kostet 520.000 Euro. Es verfügt über eine Wohnfläche von 430 Quadratmetern, die Wohnungsgrößen sind gut marktgängig und die derzeitige Durchschnittsmiete liegt bei sechs Euro je Quadratmeter netto-kalt, also ohne Nebenkostenvorauszahlungen der Mieter. Die Gesamtmonatsmiete liegt also bei 2.580 Euro, was einer Jahresmiete von

30.960 Euro entspricht. Damit errechnet sich die Rendite der Immobilie wie folgt:

Jahresmiete ÷ Kaufpreis = Rendite (genauer: Bruttorendite oder Bruttoanfangsrendite)
In Zahlen: 30.960 Euro ÷ 520.000 Euro = 5,95 Prozent.

Diese Bruttoanfangsrendite berücksichtigt also nur den Kaufpreis und die Jahresmiete der Immobilie. Anfangsrendite deswegen, weil nur die derzeit aktuelle Miete berücksichtigt wird, spätere Mietpreissteigerungen (um die wir uns künftig verstärkt bemühen werden) bleiben bei dieser Berechnung bewusst außen vor. Auch die Kaufnebenkosten (Grunderwerbsteuer, Makler-, Notar- und Gerichtskosten), die Bewirtschaftungskosten (Hausverwaltung, Vermietung, Mietausfallwagnis, Instandhaltung) und die Darlehenskosten fließen hier nicht ein, das sollte dir bewusst sein. Dennoch wird gerade diese Formel, auch Maklerformel genannt, sehr oft verwendet. Der Kehrwert der Bruttoanfangsrendite ist der Marktfaktor, auch Multiplikator genannt. In unserem Fall beträgt er 1 ÷ 5,95, was 16,8 ergibt. Die Immobilie kostet also das 16,8-fache der derzeitigen Miete.

Eine weiterentwickelte Renditeberechnung bezieht die genannten Nebenkosten mit ein – die Nettoanfangsrendite. Sie berechnet sich wie folgt:

(Jahresmiete - Bewirtschaftungskosten) ÷ (Kaufpreis × Kaufnebenkosten) = Nettoanfangsrendite
Und in Zahlen: (30.960 Euro × 0,80) ÷ (520.000 Euro × 1,14) = 4,18 Prozent.

Für die Bewirtschaftungskosten habe ich pauschal 20 Prozent angesetzt, was an vernünftigen Standorten ein guter Erfahrungswert ist. Was bei der Nettoanfangsrendite jedoch noch fehlt, sind mögliche Mietpreissteigerungen und die Investitionskosten. Diese haben wir hier bewusst außen vorgelassen. Erwirbst du jedoch eine Immobilie, in die noch investiert werden muss, müssen diese zusätzlichen Renovierungs- oder Sanierungskosten zwingend mitberücksichtigt werden. Vielfach werden gerade solche Kosten einfach unter den Tisch gekehrt, mit entsprechend weitreichenden Folgen.

Was jetzt noch fehlt, ist die Einordnung der Renditen in das jeweils lokale und aktuelle Marktgefüge. Was bedeutet eine Bruttorendite von 5,95 Prozent bzw. dem 16,8-fachen genau? Ist eine Immobilie mit einer solchen Rendite nun teuer oder billig? Diese ist eine essentielle Frage, die nicht ganz einfach zu beantworten ist. Einerseits hängt die Rendite jedes Investments davon ab, mit welchem Risiko sie verbunden ist. Beispielsweise liegen die sogenannten risikolosen (kurzfristigen) Zinsen für Sparbücher derzeit bei ca. 0,2 Prozent pro Jahr. Wenn wir also eine Immobilienrendite von sechs Prozent anstreben, gehen wir bewusst davon aus, dass die Verzinsung einem gewissen Risiko unterliegt. Weiterhin hängt die Rendite auch von Angebot und Nachfrage ab. Selbstverständlich ist, dass Immobilien mit hoher Nachfrage teurer sind und diese gegenüber günstigen Immobilien einen größeren Multiplikator und eine niedrigere Rendite aufweisen.

Andererseits stellen auch der Immobilienzustand und die Lage des Hauses wesentliche Einflussfaktoren auf die Rendite dar. Wie schon oben erwähnt rechtfertigen gute Lagen einen höheren Preis und auch eine höhere Miete. Selbstverständlich betrifft dies in ähnlicher Manier auch die Qualität der Immobilie selbst. Ein heruntergewirtschaftetes, sanierungsbedürftiges Objekt ist eben – in normalen Märkten – günstiger zu haben. Darüber hinaus spielt die erzielte Miete eine wesentliche Rolle bei der wirtschaftlichen Betrachtung eines Immobilieninvestments. Schließlich ist es entscheidend, ob sich die vertraglich vereinbarten Mieten auf einem gesunden Niveau (im Vergleich zur aktuell am Markt erzielbaren Miete für ähnliche Wohnungen mit ähnlicher Ausstattung und Bauqualität in ähnlicher Lage) bewegen oder ob sie darunter oder darüber liegen. Liegen sie darüber, spricht man von einer sogenannten Overrent-Situation. Hier muss jederzeit damit gerechnet werden, dass die Mieter unzufrieden werden, die Miete runterverhandeln oder ausziehen. Letzteres würde also immer eine Reduzierung der bisherigen Miete auf das aktuelle Marktniveau bedeuten.

Interessanter dagegen ist der gegenteilige Fall, die sogenannte Underrent-Situation. Hier liegen die Mieten (oft deutlich) unter dem aktuellen Marktniveau, es gibt also ein Steigerungspotenzial. Dies können wir einerseits durch die klassische Mieterhöhung „im Bestand" oder durch Neuvermietungen nach einem Mieterwechsel umsetzen. Beides hat einen positiven Einfluss auf den Cashflow, aber auch auf den Wert der Immobilie.

Ziel einer jeden Immobilieninvestition sollte daher immer sein, dass sich die vereinbarten Mieten im Bereich der üblichen Marktmiete bewegen. Diese in all ihren Nuancen zu kennen, ist für jeden professionell agierenden Investor essenziell. Es gibt daneben auch Sondervermietungsmodelle, auf die hier aber nicht näher eingegangen wird.

SO ENTGEHEN DIR KEINE NEBENKOSTEN MEHR

Bisher haben wir uns mit den Eckdaten einer Immobilieninvestition sowie mit ersten Mietparametern befasst. Nun wollen wir ein wenig in die Tiefe gehen und uns mit den laufenden und den einmalig anfallenden Nebenkosten beschäftigen.

Beginnen wir mit den einmaligen Kaufnebenkosten. Sie gehören zu den unangenehmen Begleiterscheinungen, mit denen ein Immobilieninvestor bei jedem Deal zu tun hat. Es hilft, wenn wir diese einfach als gegeben akzeptieren und in der Investmentkalkulation berücksichtigen. Betrachten wir wieder unsere Beispielimmobilie. In der Realität setzt sich ein solcher Kauf wie folgt zusammen:

Kaufpreis der Immobilie: 520.000 Euro
Grunderwerbsteuer (in Hessen 6 %): 31.200 Euro
Notar- und Gerichtskosten (ca. 2 %): 10.400 Euro
Maklercourtage (ortsüblich 5,95 %): 30.940 Euro
Gesamtinvestitionssumme: 592.540 Euro

Baukosten und sonstige zusätzliche Investitionen lassen wir vorerst bewusst außer Acht. Du siehst also, dass 72.540 Euro oder knapp 14 Prozent des Kaufpreises zusätzlich aufgewandt werden müssen, um diese Immobilie zu kaufen. In der Praxis sollten zudem noch einige Zusatzkosten für eigene Berater wie Steuer- und Rechtsberater, aber auch Baugutachter hinzugerechnet werden. Insgesamt wirst du diese Nebenkosten nur schwer beeinflussen können – außer du verzichtest gänzlich auf Makler, was aber bedeuten würde, dass dir wesentlich weniger interessante Immobiliendeals angeboten werden.

Neben den einmaligen Kaufnebenkosten kommen im Immobilienalltag die laufenden Neben- oder Bewirtschaftungskosten hinzu, welche die Bewirtschaftung der Immobilie sicherstellen. Diese Kosten dürfen gesetzlich festgelegt nicht auf die Mieter umgelegt werden. Konkret handelt es sich um folgende Kosten, die durch Erfahrungswerte ermittelt werden können:

Instandhaltung laufend: 6 bis 13 Euro/Quadratmeter
Mietausfall: 2 bis 5 Prozent der Nettokaltmiete
Hausverwaltung: 4 bis 6 Prozent der Nettokaltmiete (Hausverwaltung alternativ berechnet: 25 bis 35 Euro/Wohnung)
Gesamtrichtwert: *Ca. 20 Prozent der Nettokaltmiete*

Insgesamt können wir also auch in einem ersten Ansatz mit 20 Prozent der Nettokaltmiete für die nicht umlegbaren Bewirtschaftungskosten rechnen. Hierbei solltest du jedoch beachten, dass diese Kosten mit der Zeit steigen und sie daher mit einer Preissteigerungsrate unterlegt werden sollten. Wenngleich solche Kalkulationen nicht wirklich anspruchsvoll sind, werden sie durch die vielen Zahlen dennoch schnell unübersichtlich. Ein innovatives, intuitiv zu bedienendes und übersichtliches Kalkulationstool, das speziell für diesen Zweck entwickelt wurde, hilft hier ungemein.

ACHTUNG SCHROTTIMMOBILIE: DARAUF SOLLTEST DU ACHTEN

Nachdem wir uns mit den ersten Parametern und Zahlen einer Immobilieninvestition befasst und auch einmal die „Lage der Immobilie im Markt" durchleuchtet haben, wollen wir uns jetzt der baulichen Seite widmen. Wir versuchen, das Thema in seine Bestandteile zu zerlegen und dann eines nach dem anderen abzuarbeiten. Klingt einfach? Ist einfach, solange du dir ein System aufbaust. Beginnen wir mit der Aufnahme, also der Begutachtung, des aktuellen baulichen Zustandes der Immobilie - bei der bereits bekannten Beispielimmobilie, dem 1970er-Jahre-Haus mit sieben Wohnungen und 430 Quadratmetern Wohnfläche. Aus dem Exposé und ersten Gesprächen mit dem Makler wissen wir, dass das Haus nicht wirklich gut in Schuss ist. Es muss also einiges getan, aber nicht total saniert werden. Solche Totalsanierungen mögen sicherheitsorientierte Investoren nicht besonders, weil die Risiken im Zaum gehalten werden sollen.

Wie gehst du nun bei der Aufnahme des baulichen Zustandes vor? Du besichtigst die Immobilie, idealerweise mit System. Dieses System besteht einerseits aus Abläufen (Begutachtung von oben nach unten, von unten nach oben oder irgendwie anders), Checklisten (damit nichts entgeht) und einer Organisationsstruktur mit erforderlichen Teilnehmern (allein, mit einem Freund oder einem erfahrenen Bautechniker) einschließlich der notwendigen Abläufe und Aufgabenverteilungen. Greife für spezielle Fragen auf Experten zurück. Die Kosten halten sich im Rahmen, wenn du sie sorgfältig auswählst und die zu erledigenden Aufgaben detailliert definierst.

Die Aufgabe deines Baufachmannes sollte also sein, dich bei der Besichtigung zu begleiten und dir kurz (auf wenigen Seiten) zusammenzufassen, was an dem Haus zu tun ist, damit es in der gewünschten Nutzung nachhaltig ist. Wenn das Haus derzeit von einer ganz bestimmten Mieterklientel bewohnt wird und diese auch nicht geändert werden soll, so sollten sich die Renovierungskosten genau darauf beziehen. Luxussanierungen bringen dir nämlich wenig, wenn du an eine mittelpreisig ausgerichtete Mieterklientel vermieten möchtest. Im Fall des genannten Mehrfamilienhauses bin ich mit einem Bautechniker meines Vertrauens durch das Haus gegangen. Der geschätzte Aufwand lag bei drei Stunden, zuzüglich zwei Stunden Schreibarbeit, also absolut überschaubar. Das Ergebnis der Begutachtung war, dass die Heizung in zwei bis drei Jahren auszutauschen sei und dass noch weitere Baumaßnahmen, teilweise sofort ersichtlich, teilweise aber auch eher versteckt, nötig seien. All dies stand in der Auflistung, die am besten nach Gewerken und Bauteilen gegliedert ist. Idealerweise enthält sie auch eine Priorisierung, beispielsweise Dringlichkeit A, B und C. Als Gesamtaufwand ergab sich eine Summe von geschätzt rund 70.000 Euro, davon müssten 20.000 Euro kurzfristig und 50.000 Euro mittelfristig ab dem vierten Jahr aufgebracht werden. Damit haben wir die Baukosten hinreichend im Griff, wir werden später auf diese Zahlen zurückkommen.

Ein weiterer zu berücksichtigender Aspekt sind die laufend notwendigen Instandhaltungsmaßnahmen einer Immobilie. Darunter fallen kleinere und größere Aufgaben, die nicht sofort, sondern nach Ablauf der jeweiligen Lebensdauer eines Bauteils umzusetzen sind. Das können Kleinreparaturen wie der Austausch einer defekten Lampe oder auch die erforderliche Reparatur des Daches in ungefähr acht Jahren sein. All diese Maßnahmen lassen sich mit Erfahrungswerten recht gut abschätzen. Der Einfachheit halber darf auch, ausgehend von einem Gebäude ohne vorhandenen Instandhaltungsstau, mit Erfahrungswerten je Quadratmeter Wohnfläche gerechnet werden. Üblich sind Werte von 7 bis 13 Euro je Quadratmeter Wohnfläche und Jahr. Für das genannte Haus setzen wir 10 Euro pro Quadratmeter an, da 1970er-Jahre-Häuser durchaus die eine oder andere Reparatur erfordern. Für das erste Jahr budgetieren wir demnach 4.300 Euro (430 Quadratmeter × 10 Euro/Quadratmeter).

Alle hier vorgestellten Verfahren sind selbstverständlich nur Näherungsverfahren. Durch ihre Tauglichkeit sind sie in der Praxis aber durchaus anerkannt. Neben der konkreten baulichen Situation sind noch weitere Themen im Bereich Bau zu prüfen. Hier muss beispielsweise die Überprüfung aller Flächenangaben sowie die baurechtlichen Belange genannt werden. Passt also die Immobilie zur Baugenehmigung oder nicht? Es muss unbedingt geprüft werden, ob ein Schwarzbau vorliegt oder nicht.

Neben der baulichen Prüfung einer Immobilie gehören noch zahlreiche weitere Sachgebiete in den Prüfungsprozess. Diese sind:

- technische Objektprüfung

- kaufmännische Objektprüfung

- rechtliche Prüfung

- umwelttechnische Prüfung (insbesondere bei Gewerbe und großen Grundstücken sowie bei Verdacht).

Die rechtliche Prüfung sollte sich auch bei einfacheren Immobilien, wie wir sie suchen, mit einigen Verträgen und juristischen Aspekten befassen. Von besonderer Bedeutung sind die Grundbuchdaten, die leicht aus dem Grundbuchauszug und etwaigen Zusatzdokumenten entnommen werden können. Stets überprüft werden sollte, ob der tatsächliche Verkäufer im Grundbuch auch als Eigentümer eingetragen ist oder ob es für die Immobilie besonders belastende Rechte gibt. Solche Rechte sind beispielsweise Wegerechte für Nachbarn (die oft wenig störend sind, da du üblicherweise integraler Bestandteil der aktuellen Nutzung bist) oder Nießbrauch- bzw. Wohnrechte. Letztgenannte Rechte können den Wert einer Immobilie hingegen massiv beeinflussen und sollten daher immer sorgfältig in die Investmentkalkulation einfließen. Auch alle sonstigen Unterlagen, bei Wohnungseigentümergemeinschaften (WEG) auch die Teilungserklärung und sonstigen WEG-Unterlagen wie Beschlussprotokolle etc. sollten auf wertrelevante Besonderheiten hin durchgesehen werden. Sämtliche Rechtsthemen sind keine Themen, die der Laie allein begutachten sollte – hier ist definitiv Unterstützung durch einen Rechtsanwalt notwendig.

Die kaufmännische Prüfung ist hingegen wieder die Hauptaufgabe des Investors, wobei du dir hier gut und gerne Unterstützung durch einen Fachmann organisieren kannst, beispielsweise durch einen versierten Hausverwalter. Die wichtigsten Bestandteile einer kaufmännischen Prüfung sind:

1. Mietvertragsanalyse (Marktgängigkeit der Mieten, besondere Regelungen)

2. Grundrissgestaltung

3. Ausstattung von Wohnungen und Haus im Bezug auf die Mieterzielgruppe

Von besonderer Bedeutung ist der letzte Punkt. So spielt es oft eine zentrale Rolle, ob die Wohnungen mit einem modernen Tageslichtbad und einem Balkon ausgestattet sind. Diese sind vielfach die größten Wünsche der Mieter, wie zahlreiche Studien belegen.

SO WICHTIG WIE DER IMMOBILIENDEAL SELBST: DIE FINANZIERUNG

Die Finanzierung der Immobilie bezeichne ich auch als "Sekundärdeal", da jeder Immobilienankauf von einer Finanzierung abhängt – Immobilie und Finanzierung bilden sozusagen ein Paar. Mit der Finanzierung solltest du dich also nicht erst nach der Immobilienprüfung befassen, sondern schon sehr viel früher. Der wesentliche Grund dafür ist, dass die Prüfung Zeit benötigt. Banken sind leider nicht (mehr) sehr schnell und benötigen eine Weile, um alle Daten zu deiner Person, deinem finanziellen Background und schließlich zu deinem Projekt zusammenzutragen, zu systematisieren und vor allem zu bewerten.

Der erste Schritt ist ein beidseitiges Kennenlernen. Nur wenn die Bank dich – und vor allem deine finanzielle Situation – aus dem Effeff kennt, wird sie in der Lage sein, dein konkretes Immobilienprojekt in einer adäquaten Zeit zu prüfen. Beginne also möglichst früh mit der Aufbereitung deiner finanziellen Situation und setze dich rechtzeitig mit mehreren Bankern zusammen.

Bereite dich gut auf ein solches Gespräch vor und strukturiere deine Einkommenssituation und Vermögensverhältnisse bereits im Vorfeld „bankgerecht". Weiterhin sollten deine Schufa-Scores (und ähnliche) gut sein. Bereinige etwaige Fehler mithilfe einer Eigenauskunft.

Wie soll nun deine Finanzierung aussehen? Möchtest du einen hohen Eigenkapitalanteil einbringen oder lieber „hebeln"? Was ist zudem aus Sicht der Bank üblich bzw. möglich? Welche Laufzeiten sind sinnvoll? Beginnen wir mit dem Eigenkapitalanteil. Ob dieser hoch oder niedrig sein soll, hängt von vielen Parametern ab. Bist du eher risikofreudig (aber kontrolliert!), dann befasse dich mit einer stärkeren Hebelung deines Investments. Bist du dagegen risikoavers, wirst du sicher über einen höheren Eigenkapitalanteil nachdenken. Auch die eminent wichtige Bankbetrachtungsweise sowie deine persönlichen Ziele und deine verfügbaren Mittel spielen natürlich eine Rolle. Im Folgenden möchte ich anhand unserer Beispielimmobilie untermalen, dass wir langfristig und „kontrolliert" hebeln möchten. In einem ersten Anlauf nehmen wir einen Eigenkapitalanteil genau in der Höhe der Kaufnebenkosten an – wir finanzieren also in Höhe von 100 Prozent oder besagte 520.000 Euro.

Die weitere Frage ist die nach der Darlehenslaufzeit und der gewünschten Zinsbindung. Bitte bedenke, dass dies zwei Paar Schuhe sind. Wir akzeptieren, da es in vielen Fällen reine Geschmackssache ist bzw. von persönlichen Einschätzungen und Zielen abhängt, eine Darlehenslaufzeit von rund 25 Jahren mit einer Zinsbindung von zehn Jahren zu wählen. Demnach tilgen wir das Annuitätendarlehen mit einer Anfangsrate von 2 Prozent pro Jahr.

RENDITEBERECHNUNG UNTER BERÜCKSICHTIGUNG VON STEUERN BEI PRIVAT GEHALTENEN IMMOBILIEN

Bisher haben wir uns mit der Standortanalyse, der idealtypischen Immobilie, der Ankaufsprüfung und der Finanzierung für dich als privater Immobilieninvestor befasst. Nun wollen wir uns den konkreten Zahlen widmen. Beginnen wir beim Immobilieneinkauf. Du hast also eine Immobilie gefunden, den Preis verhandelt und weißt auch, was du noch in die Immobilie stecken solltest, damit sie wieder gut in Schuss ist. Im nächsten Schritt solltest du noch einmal alle bekannten, wertrelevanten Parameter der Immobilie erfassen. Hierzu gehören, neben so einfachen Dingen wie der genauen Objektanschrift, ein Bild der Liegenschaft, damit du sie jederzeit schnell (!) zuordnen kannst.

Weiterhin ist das Baujahr von Bedeutung, denn dies ist nicht nur für die Abschätzung des baulichen Zustandes wichtig, sondern auch für die Bemessung der steuerlichen Abschreibung. Zu den Grunddaten gehören auch einige Parameter zur Lageeinschätzung sowie die Beurteilung des Marktfaktors (Multiplikators), damit du jederzeit den aktuellen Wert der Immobilie einschätzen kannst. Auch die Auflistung der erforderlichen Bau- und Renovierungsarbeiten gehört in ein solches Tableau.

Wesentlich ist dann folgender Schritt: Was beabsichtigst du eigentlich mit deiner Immobilie? Wir entscheiden uns hier für die langfristige Strategie, ich nenne sie auch „Renovieren + Halten". Wir müssen also nicht sanieren, sondern nur renovieren und wollen die Immobilie langfristig im Bestand halten.

In einer weiteren Übersicht erfassen wir alle Mietverträge des Hauses: Quadratmeteranzahl, aktuelle Miete, letzte Mietanpassung sowie – sehr wichtig – den Erhöhungsspielraum. Damit kann das mögliche Mietanpassungspotenzial auf einen Blick erkannt werden, idealerweise lassen sich alle Daten auch grafisch darstellen.

Ähnlich verfahren wir mit den Investitions- und Finanzierungsparametern sowie den Steuereckdaten. Letztere enthalten Angaben zum privaten Steuersatz sowie die Grundlagen zur Gebäudeabschreibung, für die eine rechnerische Aufteilung des Gebäudewertes in einen Boden- und einen Gebäudeanteil erforderlich ist. Diese Parameter sind recht aufwendig zu ermitteln, weshalb sich der Einsatz entsprechender Kalkulationstools wie auf http://iipro.de/ppc1rr102015-s/ besonders lohnt.

Nun zu einem wesentlichen Steueraspekt: Wie oben erwähnt haben wir in den ersten Jahren eher wenig Interesse, in diese Immobilie zu investieren und möchten erst ab dem vierten Jahr einen weiteren, größeren Renovierungsschritt unternehmen. Der Grund hierfür ist nicht Geld anzusparen, sondern steuerlicher Natur. Das Finanzamt bestraft, wer in den ersten drei Jahren zu viel (genauer: mehr als 15 Prozent des anteiligen Gebäudewertes (netto)) in die Immobilie steckt. Dieses „Schreckgespenst" nennt sich auch „anschaffungsnaher Aufwand", und dieser sollte unbedingt vermieden werden. Kosten, die über den zusätzlichen Aufwendungen der genannten 15 Prozent liegen, dürfen nur noch zusammen mit dem Gebäude über 40 oder 50 Jahre abgeschrieben werden. Liegen sie darunter oder investieren wir später, dürfen die Kosten gleich in voller Höhe geltend gemacht werden. Aus diesem Grund habe ich die sogenannte Immostrategie 10/3® entwickelt, die ich im Folgenden kurz erläutern möchte: Wir suchen uns speziell für diese steuerlichen Rahmendaten die passenden Immobilien. Also solche, die wir langfristig halten möchten und mit denen wir in den ersten drei Jahren nur einen mäßigen Instandsetzungsbedarf haben. Damit sind wir in der Lage, den Instandhaltungsaufwand zu umgehen und können gleichzeitig die Immobilie nach einer Haltedauer von mindestens zehn Jahren steuerfrei verkaufen. In diesem Fall fällt keine „Spekulationssteuer" mehr an.

Nun zu den Zahlen der Beispielimmobilie, damit du siehst, was dies für gravierende Auswirkungen haben kann:

Kaufpreis der Immobilie: 520.000 Euro
Grunderwerbsteuer (in Hessen 6 %): 31.200 Euro
Notar- und Gerichtskosten (ca. 2 %): 10.400 Euro
Maklercourtage (ortsüblich 5,95 %): 30.940 Euro
Zwischensumme: 592.540 Euro
Renovierungskosten Jahr 1–3: 20.000 Euro
Renovierungskosten Jahr 4: 50.000 Euro
Gesamtinvestitionskosten: 662.540 Euro

Sämtliche hier genannten Renovierungskosten in Höhe von 70.000 Euro kannst du somit steuerlich sofort absetzen, was bei einem Steuersatz von 40 Prozent eine satte Steuererstattung von 28.000 Euro bringt!

Noch einmal kurz zur Renditekalkulation. Die Zahlen für die Nettorendite lauten inklusive Berücksichtigung der Renovierungskosten:

(30.960 Euro × 0,80) ÷ (520.000 Euro × 1,14 + 70.000) = 3,74 Prozent bzw. 26,76-fach

(Jahresmiete - Bewirtschaftungskosten) ÷ (Kaufpreis × Kaufnebenkosten × Renovierungskosten) = Rendite (Nettoanfangsrendite).

Wenn du jetzt denkst, dass sich ein solcher Aufwand für eine derart niedrige Rendite nicht lohnt, dann hast du recht! Doch eines haben wir noch nicht berücksichtigt:

Wir investieren deutlich in die Immobilie, also steigern wir damit auch die Mieten innerhalb von vier Jahren. Unterstellen wir eine realistische Mietpreissteigerung um die 2,50 Euro je Quadratmeter durch Mieterhöhungen, Modernisierungserhöhungen und teilweise Neuvermietungen auf Mietmarktniveau, so ergibt sich folgende sehr freundliche Rechnung:

(43.860 Euro × 0,80) ÷ (520.000 Euro × 1,14 + 70.000) = 5,29 Prozent bzw. 18,89-fach

(Jahresmiete - Bewirtschaftungskosten) ÷ (Kaufpreis × Kaufnebenkosten × Renovierungskosten) = Rendite (Nettoanfangsrendite).

Diese Mieten werden wir nach einigen weiteren Jahren dann auf Marktniveau haben, also im Bereich von zehn Euro pro Quadratmeter. Damit sehen die Zahlen richtig gut aus:

(51.600 Euro × 0,80) ÷ (520.000 Euro × 1,14 + 70.000) = 6,23 Prozent bzw. 16,06-fach

(Jahresmiete - Bewirtschaftungskosten) ÷ (Kaufpreis × Kaufnebenkosten + Renovierungskosten) = Rendite (Nettoanfangsrendite)

Unter Berücksichtigung der Steuererstattungen für die Renovierungsinvestitionen sowie weiterer Optimierungsmöglichkeiten lässt sich diese Rendite sogar leicht auf 7, 8 oder gar 9 Prozent pro Jahr steigern. In einem letzten Schritt möchte ich noch aufzeigen, was es mit dem Hebeleffekt auf sich hat und wie du leicht die Rendite auf dein eingesetztes Kapital, die sogenannte Eigenkapitalrendite, ermittelst. Nehmen wir wieder die Zahlen unserer Beispielimmobilie nach dem vierten Jahr, also mit einer Durchschnittsmiete von zehn Euro pro Quadratmeter:

Jahresmiete netto-kalt: 51.600 Euro
abzüglich Bewirtschaftungskosten 20 %: −10.320 Euro
Nettoobjektergebnis: 41.280 Euro
Darlehenszinsen (ca. 2 % von 520.000 Euro): 10.400 Euro
Nettoobjektergebnis nach Zinsen: 30.880 Euro

Von diesem Betrag sind noch Steuern und die Tilgung des Darlehens zu begleichen. Da die Berechnung der Steuern (inklusive Berücksichtigung der Gebäudeabschreibung) komplex ist, wollen wir im Folgenden die Eigenkapitalrendite vor Steuern ermitteln. Erinnerst du dich? Wir haben nur die Nebenkosten in Form von Eigenkapital eingebracht, also 72.540 Euro. Die Eigenkapitalrendite vor Steuern wird wie folgt ermittelt:

30.880 Euro ÷ 72.540 Euro = 42,6 %

(Nettoobjektergebnis nach Zinsen ÷ Eigenkapital = Eigenkapitalrendite)

Das ist vermutlich mehr als du erwartet hast. Bedenke jedoch die Risiken, die mit diesem Hebel verbunden sind. Solche Finanzierungen sind dennoch gang und gäbe. Solide Investments wirst du daher immer nur unter Abwägung aller beschriebenen Parameter unter Berücksichtigung der Steuern tätigen können. Der Einsatz professioneller Kalkulationstools empfiehlt sich deshalb in jedem Fall. Zudem wirst du echte Nachsteuerrenditen nur sehr schwer „per Hand" ermitteln können.

KREATIVE AUFWERTUNGSMETHODEN FÜR PRIVATE IMMOBILIENINVESTMENTS

In den vorangegangenen Kapiteln habe ich dir die grundlegenden Aspekte eines privaten Immobiliendeals, inklusive einer vollständigen Immobilienkalkulation, aufgezeigt. Im Folgenden stelle ich dir innovative baurechtliche Aufwertungen von Immobilien vor, die dir zu einem immensen Vermögen verhelfen können.

Das unentdeckte Land

Kommen wir noch einmal zurück zum Dreifamilienhaus mit dem großen Grundstück. Als ich es erwarb, war der Hof hässlich und zubetoniert. Heute blühen dort die schönsten Pflanzen und der Anblick bereitet Freude. Zudem wurden ein Parkplatz schön gestaltet und Allgemeinflächen hübsch angelegt. Das kostet zwar erst einmal Geld, wertet eine Immobilie aber ungemein auf. Zudem haben wir auch folgenden messbaren Wert geschaffen:

Zusätzliche Gartenterrasse: 40 Quadratmeter × 25 Prozent Anrechnung = 10 Quadratmeter

Miete 11 Euro/Quadratmeter: 110 Euro je Monat bzw. 1.320 Euro mehr Miete pro Jahr.

Unterstellen wir einen Marktfaktor von 18, was für diese Gegend noch konservativ ist, haben wir unsere Baukosten schon längst wieder reingeholt. Der zusätzliche Wert berechnet sich wie folgt:

1.320 Euro × 18 = 23.760 Euro.

Vom 40-Quadratmeter-Arbeitsschuppen zum
160-Quadratmeter-Architektenhaus

Ich hatte es bereits erwähnt, das zusätzliche Hinterhaus: So etwas entwickelt sich nicht von selbst. Vielfach haben amtliche Vertreter, hinsichtlich der Gewährung des Baurechts, einen Ermessensspielraum. Dies bedeutet, dass der jeweilige Sachbearbeiter der Baubehörde über eine nicht unerhebliche Macht verfügt.

Im konkreten Fall heißt das, dass uns nur ein kleiner Bungalow zu Arbeitszwecken zugestanden wurde. Erst intensive Verhandlungen und vor allem das Engagement meiner Architekten konnten den Beamten und seinen Abteilungsleiter überzeugen, dass es doch auch politisch gewollt sei, in der Stadt „nachzuverdichten". Dies führte schließlich zur Erteilung der Baugenehmigung für besagtes Architektenhaus mit einer Wohnfläche von mehr als 160 Quadratmetern.

Die Teilung nach WEG

Du musst hierzu selbstverständlich kein professioneller Aufteiler sein, doch in manchen Fällen lohnt es, sich über diese Vorgehensweise zu informieren. Nehmen wir den oben geschilderten Fall: ein Dreifamilienhaus und ein noch nicht gebautes Hinterhaus. Es entwickelte sich eine gewisse Nachfrage nach dem Hinterhausgrundstück. Da ich nicht selbst bauen wollte, entschloss ich mich, es zu verkaufen und die Liegenschaft vorher in Wohneigentum aufzuteilen. Dazu war lediglich die Erstellung einer sogenannten Abgeschlossenheitsbescheinigung erforderlich – also Pläne mit Darstellung und Nummerierung der Wohnungen. Mit dieser Bescheinigung in den Händen ging es zum Notar, der eine Teilungserklärung entwarf. Diese wurde beurkundet und wie warteten nur noch die Eintragung des Grundbuchamts ab. Der Effekt bzw. Sinn und Zweck dieser Maßnahme? Einzelne Wohnungen können einzeln besser verkauft werden. Wertsteigerung (neben dem Hinterhausgrundstück): rund 10 bis 20 Prozent allein durch die Teilung. Der Mehrwert in Zahlen: rund 50.000 bis 100.000 Euro.

 FAZIT

Immobilieninvestments sind ein sehr komplexes Thema, bergen aber auch viele Potenziale. Vorsicht ist immer geboten, denn die Eingangsvariablen sind oft sehr individuell, was enorme Schwankungen bedeutet. Mit dem richtigen Wissen und den richtigen Tools sowie Techniken sind aber auch Anfänger in der Lage, erste Investments zu tätigen. Auch ich habe einmal klein (mit einem kleinen Dreifamilienhaus) angefangen.

Große Deals mit Co-Investoren

So baust du dir schnell ein signifikantes Immobilienportfolio mit dem Geld anderer Menschen auf. – Ein überarbeiteter Auszug aus dem Buch „Das System Immobilie"

ÜBER EIN GROSSES NETZWERK HIN ZUR ZÜNDENDEN IDEE

Selbstverständlich erreichen mich auch immer wieder Anfragen investitionswilliger Menschen, die aber keine geeignete Immobilie finden, die wenig Zeit haben oder sich ein Investment nicht allein vorstellen können. Genau hier setzt mein neuestes, sehr spannendes Geschäftsmodell an.

Warum sollte ich nicht die Fäden zusammenführen, die mir mein Netzwerk bietet? Es liefert mir – auch schon vor meiner „Online-Zeit" – nahezu täglich interessante Immobilienangebote, die ich selbst gar nicht komplett verarbeiten kann. Was liegt also näher, als meinen „Deal Flow" mit den Menschen zu verbinden, die nach entsprechenden Möglichkeiten suchen?

Inspiriert durch einige spannende Umsetzungsstrategien US-amerikanischer Player wie Darren Weeks, Jack Bosch und verschiedener Gäste des Real Estate Guys Podcasts hatte ich den ernsthaften Beschluss gefasst, meinen Investments einen weiteren Hebel zu geben. Ich entschied mich dazu, ein sehr wertvolles Netzwerk rund um das gemeinsame Investieren in Immobilien aufzubauen. Wenn du dich jetzt fragst, warum du davon noch nichts erfahren hast: Allentscheidende Grundlage für gemeinsames Investieren in Immobilien ist gegenseitiges Vertrauen. Es macht wenig Sinn, sich heute kennenzulernen und morgen gleich gemeinsam Hunderttausende oder gar Millionen zu investieren. Zuerst steht ein langfristiger Vertrauensaufbau an, wobei besonders das Erreichen geeigneter Menschen so wichtig ist wie der Aufbau einer wirklich seriösen Beziehung. Nur wer dir vertraut, wird sich mit dir in ein Boot setzen und gemeinsam in Immobilien investieren. Die Erläuterung der Grundregeln eines solchen Netzwerkaufbaus würde den Rahmen meines Beitrages hier sprengen.

Bevor ich im folgenden Abschnitt auf die Besonderheiten einer Finanzierung mit einem Co-Investor eingehe, möchte ich dir noch den gegenständlichen Deal vorstellen – und zwar so, wie ich ihn persönlich sehe. Eigentlich ist es ein völlig normaler Immobiliendeal, exakt so, wie ich ihn liebe. Es geht konkret um 24 Eigentumswohnungen in einer Anlage mit 26 Wohnungen. Das bedeutet, es fehlen zwei Wohnungen und genau das ist das Problem dieses Deals. Wir kaufen also nicht eine komplette Wohnanlage, sondern 24 Eigentumswohnungen! Das ist so skurril, dass der Verkäufer einige Probleme bei der Vermarktung hatte. Ich dachte mir hingegen: Warum nicht 24 Wohnungen kaufen? Haben wir doch den Vorteil, Wohl und Wehe der Gemeinschaft quasi diktieren zu können! „Anderer Menschen Probleme sind die Chancen findiger Investoren", dachte ich einmal mehr.

Der im Ausland lebende, sehr sympathische Verkäufer hatte im Jahr 2013 versucht, die Wohnungen einzeln zu verkaufen. Aufgrund der großen Entfernung hatte er nach zwei Verkäufen schlichtweg die Motivation verloren. Das spiegelte sich auch im Vermietungsstand wider. Es standen bereits zehn der 24 Wohnungen leer, sodass ich sehr schnell von diesem Deal begeistert war. Unser Plan war also, Cashflow-Immobilien zusammen mit Co-Investoren zu erwerben.

Nach einigen Maklergesprächen und internen Kalkulationen stellten sich die Eckdaten des Deals wie folgt dar:

Gesamtinvestitionskosten: rund 1,3 Millionen Euro (inklusive Kaufnebenkosten und Instandsetzungsbudget), Gesamtmiete Ist: 60 000 Euro pro Jahr, Gesamtmiete Soll: 120 000 Euro pro Jahr, mit Perspektive auf bis zu 150 000 Euro pro Jahr.

Außerdem beabsichtigen wir, die Immobilie kurz nach der Übernahme zu sanieren. Wichtigste Maßnahme wird der Austausch der Elektro-Nachtspeicher-Öfen durch eine moderne Gaszentralheizung sein, denn Mieter scheuen solche Heizungen aufgrund der hohen Verbrauchskosten. Zudem planen wir, die leer stehenden Wohnungen zu renovieren und die Allgemeinbereiche attraktiver zu gestalten.

Ein Einkaufsfaktor des rund 10-fachen, bezogen auf die Gesamtinvestitionskosten, ist – konservativ gerechnet – sehr attraktiv aufgrund der Lage im Einzugsgebiet mehrerer Großstädte und einiger Großarbeitgeber im nächsten Umfeld. Unser Ziel, einen auskömmlichen Cashflow zu generieren, erreichen wir damit ebenfalls.

FINANZIERE DEIN INVESTMENT MIT DEM GELD ANDERER MENSCHEN

Meine Frau und ich suchten bereits seit einiger Zeit nach Möglichkeiten, unseren Immobilienaktivitäten eine noch höhere Geschwindigkeit zu geben. Wir wollten in den kommenden Jahren zügig wachsen und einen großen Immobilienbestand aufbauen. Daher suchten wir nach dem „Geld anderer Menschen" als Katalysator für zusätzliche Investments. Selbstverständlich überlegten wir uns auch sehr intensiv, was wir unseren Co-Investoren zu bieten hatten. Schließlich wird nur derjenige, der etwas vorweisen kann, entsprechende Mitstreiter finden. In unserem Fall war das ganz klar der Deal Flow, den wir bereits aufgebaut hatten, sowie das fast über 20 Jahre aufgebaute Immobilien-Know-how. Der Co-Investor, mit dem wir bei diesem Deal zusammenarbeiten, ist ein erfahrener Unternehmer, besitzt aber kein spezifisches Immobilien-Know-how.

Wie überzeugen wir aber nun unseren Co-Investor, dass wir „die Guten", also vertrauenswürdig sind? In unserem Fall haben wir uns vor allem Zeit genommen. In mehreren Meetings besprachen wir die gemeinsamen Ideen, Ziele und Vorstellungen. Damit einher ging ein intensives, persönliches Kennenlernen, und so brauchte es nicht lange, in unserem Fall sechs Monate, bis wir beschlossen: „Wir investieren gemeinsam in Immobilien!" Um uns schrittweise einander anzunähern, empfahl ich zunächst – obwohl größere Deals anvisiert waren –, mit einem kleineren Deal als „Pilotprojekt" zu starten. Genau diesen Deal möchte ich hier im Detail vorstellen. Habe bitte Verständnis dafür, dass ich die genaue Lage der Immobilie nicht nenne. Alle übrigen Details des Deals stelle ich dir vor, der Deal ist also zu 100 Prozent real! Ich habe dies auch mit unserem Co-Investor so vereinbart, damit nicht plötzlich ungebetener Besuch vor dem Haus steht.

DIE KONKRETE FINANZIERUNGSSTRUKTUR OHNE CO-INVESTOR

Würden wir diesen Deal „klassisch" im Alleingang finanzieren, würden wir vermutlich folgende Struktur mit der Bank besprechen:

Investitionsplan	Finanzierungsplan
Kaufpreis: 920.000 €	
Kaufnebenkosten: 120.000 €	Fremdkapital: 1.100.000 €
Sanierung/Aufwertung: 285.000 €	Eigenkapital: 225.000 €
Gesamtinvestition: 1.325.000 €	Gesamtfinanzierung: 1.325.000 €

Bitte beachte, dass dies keine allgemeingültige Finanzierungsstruktur ist. Sie ist auf diese Weise möglich, aber nur für diese Bank, dieses Objekt, diese Lage, unsere Investmentstrategie und die Menschen, die hinter diesem Investment stehen.

DIE KONKRETE FINANZIERUNGSSTRUKTUR MIT CO-INVESTOR

Sind wir an diesem Punkt angelangt, lassen sich die gestellten Aufgaben recht einfach umsetzen. In unserem Fall hatten wir uns als Ziel gesetzt, möglichst wenig eigenes Kapital zu binden. Gründe sind die oben erwähnte Flexibilität und das dynamische Wachstum, das wir anstreben. Wer mich persönlich kennt weiß: Unter „möglichst wenig" verstehe ich idealerweise „exakt null Euro". Genau das haben wir mit den Parteien, der Bank und dem Co-Investor vereinbart. Wir haben das einzusetzende Eigenkapital ganz einfach durch das Kapital des Co-Investors ersetzt. Die Finanzierungsstruktur sieht daher so aus:

Investitionsplan	Finanzierungsplan
Kaufpreis: 920.000 €	
Kaufnebenkosten: 120.000 €	Fremdkapital: 1.100.000 €
Sanierung/Aufwertung: 285.000 €	Eigenkapital: 225.000 €
Gesamtinvestition: 1.325.000 €	Gesamtfinanzierung: 1.325.000 €

Das ist alles, was wir getan haben. Auch wenn es so unglaublich einfach aussieht, ist selbstverständlich die oben beschriebene Vorarbeit notwendig. Genau hierin stecken der wirkliche Kern bzw. die Erfolgsfaktoren für die Umsetzung eines solchen Deals. Die operative Realisierung der beschriebenen Finanzierungsstruktur ist – unter der unbedingt zu empfehlenden Einbindung eines Rechtsanwaltes – sehr einfach.

In unserem Fall entschied sich unser Investor für ein nachrangiges Darlehen innerhalb einer gemeinsamen Objektgesellschaft (GmbH), was für uns als Projektinitiator einen guten Weg darstellt. Da unser Co-Investor selbst Unternehmer ist, war die direkte Beteiligung am Projekt zwingende Voraussetzung für eine Zusammenarbeit. Wer sich auf eine solche Projektkonstellation einlässt, dem empfehle ich jedoch eine gewisse Flexibilität. Setze dich mit deinem Co-Investor zusammen und diskutiere das Für und Wider von unterschiedlichen Strukturen. Vielfach findet sich die Entscheidungsgrundlage nicht nur im Deal, sondern auch in der Unternehmensstruktur, dem steuerlichen Konzept und dem Sicherheitsbedürfnis des Co-Inverstors (und selbstverständlich auch deiner eigenen Strukturen).

Konkret war daher in unserem Fall, eine gemeinsame GmbH zu gründen, ein Darlehensvertrag mit einer Gesellschaft unseres Co-Investors abzuschließen und eine nachrangige Grundschuld hierfür zu bestellen, die Folge. Während mein Partner also als Kapitalgeber fungiert, stellen wir, genauer gesagt das Unternehmen meiner Frau und mir sowie die Menschen dahinter, den aktiven Part. Wir werden uns um die komplette Arbeit kümmern, von der beschriebenen Objekt- und Finanzierungsakquisition über die Renovierung und Sanierung bis hin zur Verwaltung. Damit ist klar, dass der Geschäftsführer der gemeinsamen Gesellschaft von uns gestellt wird.

Ein wesentlicher Baustein, den es zu regeln gilt, ist die Vergütungsstruktur. In unserem Fall haben wir diese als Bestandteil des Investmentmemorandums wie folgt vorgeschlagen:

Verzinsung des nachrangigen Darlehens:

4 Prozent pro Jahr, jährlich nachschüssig als Vorzugsverzinsung Unternehmensbeteiligung 50 Prozent, damit:

· 50 Prozent Beteiligung an den laufenden Überschüssen der Gesellschaft

· 50 Prozent Beteiligung am Verkaufserlös

Wir haben bewusst eine Beteiligungsstruktur „auf Augenhöhe" gewählt, denn wir sehen keinen Sinn darin, mit einem unternehmerisch denkenden Investor zu arbeiten, der allein mit drei bis fünf Prozent Zinsen pro Jahr bedient wird. Ein risikoadjustiertes Investieren ist die Grundlage eines jeden Investors – nur so lassen sich die besten Synergieeffekte auf langfristiger Basis, gerade

Maximale Rendite

auch für weitere gemeinsame Investments, realisieren.

Wer dagegen passive Kapitalanleger sucht, kann durchaus mit einer reinen Verzinsung (gegebenenfalls mit einem kleinen, zusätzlichen „Abschlussbonus") arbeiten.

Typische Parameter eines privatwirtschaftlichen Darlehensvertrags

· Darlehensgeber: Name des Co-Investors bzw. seiner Gesellschaft

· Darlehensnehmer: Name der Objektgesellschaft oder des aktiven Investors

· Darlehensbetrag

· Auszahlungsdatum, unter Umständen auch in mehreren Tranchen

· Zweck des Darlehens

· Auszahlungskonto

· Sicherheitenstellung

· Laufzeit und Kündigungsmöglichkeiten

· Verzinsung und Zinszahlungstermine

PLANE BEREITS BEIM EINKAUF DEN AUSSTIEG

Ein weiteres wesentliches Thema, das mit dem Investmentmemorandum zu regeln ist, ist die Exit-Strategie. Es sollte klar definiert werden, wie lange die Immobilie gehalten und in welchen Fällen ein Verkauf angestrebt werden soll. In unserem Fall haben wir vereinbart, die Immobilie zunächst aufzuwerten und dann voraussichtlich langfristig zu halten. Die endgültige Entscheidung wollen wir fällen, sobald die Immobilie aufgewertet und (nahezu) voll vermietet ist.

Stimmt der Co-Investor wie in unserem Fall dem Memorandum zu, geht es an die praktische Umsetzung. Neben dem Immobiliendeal selbst sind zwei ergänzende Verträge aufzusetzen: Erstens ein Gründungsvertrag für die Objektgesellschaft (GmbH) und zweitens ein Darlehensvertrag mit dem Co-Investor. Im Gründungsvertrag regeln die Gesellschafter der GmbH sämtliche Rechte und Pflichten der Gesellschafter untereinander sowie die Vertretungsbefugnis. Die Gründung einer GmbH ist heute kein großes Thema mehr. Ich verweise hier auf entsprechende Literatur bzw. ein Gespräch mit einem Rechtsanwalt bzw. Notar. Ist die GmbH schließlich gegründet und der Darlehensvertrag geschlossen, sind wir handlungsfähig – die Immobilie kann durch die GmbH angekauft werden.

Wie erwähnt möchten wir die Immobilie mindestens drei Jahre halten und uns dann entscheiden, ob wir sie auch langfristig halten oder eben nicht. Also bietet sich als Datum für die Darstellung der Exit-Strategie das Ende des dritten Kalenderjahres an. Hierfür rechnen wir die Parameter der Immobilie Ende des dritten Jahres hoch, also Zustand, Mieten, Wert und Darlehensstand. Angenommene Mietpreissteigerungen sowie die Hochrechnung des Immobilienwertes setzen wir sehr konservativ an. Den Zustand und den Darlehensstand können wir relativ sicher bzw. sicher hochrechnen.

Damit berechnet sich der Wert zum Zeitpunkt des Exits am 31.12.2020 in unserem Fall wie folgt:

145 000 EUR x 11 = 1 595 000 EUR (Jahresmiete x Faktor 11) abzüglich Darlehensstand von 1 250 000 EUR ergibt einen Verkaufserlös von 345 000 Euro.

Der Einfachheit halber haben wir hier keine Besonderheiten wie etwaige Verkaufskosten etc. berücksichtigt. Dargestellt werden soll vielmehr der grundsätzliche Exit-Wert.

Wichtig ist, dem Partner immer aufzuzeigen, was passiert, wenn es Abweichungen gibt. Ist die Immobilie einmal aufgesetzt, also renoviert und wieder voll vermietet, steht in unserem Fall die nächste Strategiebesprechung an. Hierbei werden wir diskutieren, wie wir weitermachen werden: Langfristig halten oder den Exit suchen. Vermutlich werden wir die Immobilie (aus heutiger Sicht) langfristig halten. Dies unterstellt, werden wir dann die Finanzierung neu strukturieren: Einerseits werden wir das Darlehen des Co-Investors, wie eingangs erläutert, durch ein Bankdarlehen ablösen. Andererseits werden wir dann die Zinsbindung des Darlehens gegebenenfalls anpassen.

Nun stehen also alle Ampeln auf Grün und wir gehen zur langfristigen Bewirtschaftung der Immobilie über. Spätestens jetzt übernehmen die Operativen das Ruder, während wir nur noch gelegentlich (im vorher abgestimmten Turnus, vielleicht vierteljährlich) nach dem Rechten schauen. Ich selbst arbeite bereits seit einiger Zeit am nächsten Deal.

Abschließend möchte ich dir ein paar Regeln für dein erstes (oder nächstes) Co-Investment mit auf den Weg geben:

Meine persönlichen Erfolgsregeln für Co-Investments

- Sei stets besonnen. Denke immer zuerst ans Geben, dann ans Nehmen.

- „Vertrauen ist die Mutter aller Co-Investments." Ich schreibe dies so, um die Wichtigkeit dieser Aussage deutlich zu machen. Mir wurde erst in den letzten Jahren wirklich bewusst, wie wichtig Vertrauen ist. Widme dem Vertrauensaufbau daher einen wesentlichen Teil deiner Zeit.

- Überlege dir genau, mit wem du zusammenarbeiten möchtest: Willst du eher eine aktive Mitarbeit oder suchst du eher passive Investoren? Suchst du einen Großinvestor oder mehrere Kleininvestoren?

- Beachte unbedingt, dass du in der Regel keine „prospektähnliche" Werbung für deine Kooperationsangebote machen darfst. Sie dürfen auch nicht „modellhaft" sein. Ansonsten unterliegst du möglicherweise der Regulierung durch die BaFin (Bundesanstalt für Finanzdienstleistungsaufsicht), die regelmäßig mit erheblichen (!) Kosten verbunden ist. Ein versierter Fachanwalt ist der richtige Ansprechpartner für weitere Fragen dazu.

- Passe die Struktur des von dir angebotenen Investments an den Investorentypen an, den du ansprechen möchtest.

„Trenne Sparen von Versichern."

Prof. Dr. Hartmut Walz

PROF. DR. HARTMUT WALZ

Prof. Dr. Hartmut Walz ist ein führender Verhaltensökonom und Entscheidungsexperte. Sein Kerngebiet ist die Schnittstelle zwischen Ökonomie und Psychologie. Er lehrt an der Hochschule Ludwigshafen a.Rh. zu den Themen Finanzkompetenz, Finanzdienstleistungen für den Privatanleger, Anlageklassen und Anlagevehikel sowie Finanzpsychologie/Behavioral Finance. Die Mission von Prof. Dr. Walz ist es, Deutschland zu einem besseren Platz für Privatanleger:innen und Vorsorger:innen zu machen. Er hält Vorträge und ist Vollmitglied in der Bürgerbewegung Finanzwende e.V. Walz betreibt den kostenfreien, unabhängigen und neutralen Hartmut Walz Finanzblog.

🌐 www.hartmutwalz.de/finanzblog/

▶ Prof. Dr. Hartmut Walz

📷 @prof.dr.hartmut.walz

Warum verhindern kapitalbildende Lebens- und Rentenversicherungen deine maximale Rendite?

———

Ein Interview mit Prof. Dr. Hartmut Walz

Maximale Rendite durch Vermeidung unnötiger Risiken und minimale Kosten - dieses Ziel lässt sich mit den Tipps von Prof. Dr. Hartmut Walz umsetzen. Denn der Finanzexperte folgt der Strategie, das Risiko bei Anlagemöglichkeiten zu erkennen, zu minimieren und dadurch eine langfristig sichere Anlage zu schaffen. Seine langjährige Erfahrung gibt er als Professor an der Hochschule Ludwigshafen am Rhein, zahlreichen Vorträge wie z.b. im Rahmen der Ludwigshafener Finanzgespräche, mehreren Bestseller-Bücher sowie einen Finanzblog für Privatanleger und einem eigenen Youtube-Kanal weiter. Ein aktueller Fokus seiner Arbeit ist aufgrund der aktuellen Nullzinspolitik der Zentralbanken das Thema Vehikelrisiken. Damit sind Risiken gemeint, die nicht aus der Anlage selbst, sondern ihrer „Verpackung" kommen. Was nützt dir der Anstieg des Goldpreises, wenn du zwar in ein Investment-Zertifikat auf Gold investiert hast, jedoch der Emittent dieses Zertifikates pleite geht? Vehikelrisiken gibt es – in sehr unterschiedlichem Umfang – überall dort, wo du Produkte der Finanzdienstleistungsindustrie nutzt. Welche Vehikelrisiken in kapitalbildenden Lebens- und Rentenversicherungen stecken und welche Maßnahmen du sofort ergreifen kannst, verrät Hartmut Walz in einem ausführlichen Überblick.

VON DER BANKLEHRE ZUM ANLEGERSCHUTZ

Der Weg in die Finanzwelt stand für Hartmut Walz schnell fest, spätestens als er nach seiner Schulzeit zunächst eine Banklehre absolvierte und dann auch in einer Bank arbeitete. Doch schnell merkte er, dass in der Finanzbranche Licht und Schatten sehr eng beieinander liegen, weshalb er seiner Bank alsbald den Rücken kehrte und durch ein intensives Studium in den Fächern Betriebswirtschaftslehre, Volkswirtschaftslehre und Wirtschaftspädagogik die wissenschaftlichen Grundlagen für seriösen Anlageerfolg erarbeitete. Seine mit Auszeichnung bewertete Doktorarbeit bezieht sich auf Optimierung des Anlegerschutzes im Bereich Finanzdienstleistungen.

Nach sehr erfolgreichen Beraterjahren wechselte er dann an die Hochschule für Wirtschaft und Gesellschaft in Ludwigshafen am Rhein und ist dort für Bankbetriebslehre, Finanzierung, Kapitalmärkte sowie Anlagepsychologie zuständig. Parallel veröffentlichte er mehrere Bestseller-Ratgeber für Privatanleger und betreibt den "Hartmut Walz Finanzblog". Seine Mission besteht darin, interessierten Anlegern die Themen renditestarkes Investieren sowie Vorsorge näher zu bringen. Walz bringt auf den Punkt, dass kostenarmes „Ernten" der Kapitalmarktrenditen bei gleichzeitigem Ausschluss vermeidbarer Risiken erfolgskritisch für das Erzielen maximaler Renditen ist. Kapitalbildende Lebens- und Rentenversicherungen sind dabei aus seiner Sicht eine schlechte Wahl, zumal sie in der fortdauernden Nullzinswelt nicht nur renditearm sind, sondern zusätzlich auch noch wachsende Vehikelrisiken bergen.

Vehikelrisiken – also die Risiken aus den Vertragswerken der Finanzdienstleistungsindustrie wie z.B. Investmentzertifikaten, Bausparverträgen, Einlagekonten oder kapitalbildenden Versicherungsverträgen - gewinnen in den letzten zehn Jahren immer stärker an Bedeutung. Das liegt laut Hartmut Walz an der fortdauernden "Null-Zins-Politik" führender Zentralbanken (bei uns der EZB), welche die Existenzgrundlage bzw. das Geschäftsmodell der Finanzdienstleistungsindustrie bedroht. Stark vereinfacht gesagt: Finanzdienstleister stehen zwischen Kunden und dem Kapitalmarkt und legen Kundengelder nach Abzug von Kosten und ihren Profitmargen am Kapitalmarkt an. Dabei geben sie Garantien über Mindestleistungen ab, die sie jedoch in einer fortdauernden Nullzinswelt eventuell nicht mehr erfüllen können. Und genau dies ist das Vehikelrisiko kapitalbildender Lebens- und Rentenversicherungen.

UNTERSCHIEDE ZWISCHEN ANLAGEKLASSEN UND ANLAGEVEHIKELN

Um den Begriff des Vehikelrisikos besser zu verstehen, rät Hartmut Walz dazu, sich den Unterschied zwischen Anlageklassen und Anlagevehikeln zu verdeutlichen. Denn es gibt auf der einen Seite nur wenige Anlageklassen, die sich auch nicht plötzlich ändern, sondern seit Jahrzehnten bestehen. Die wichtigsten sind Bargeld, Anleihen, Aktien, Gold sowie andere Edel- oder Industriemetalle, Immobilien und Rohstoffe. Zusätzliche exotische Anlageklassen wie Schmuck, Kunstwerke, Oldtimer und Sammleruhren können als Nischen vernachlässigt werden. Das investierte Geld landet letztendlich also immer in einer der wenigen Anlageklassen.

Der überschaubaren Zahl von Anlageklassen stehen jedoch in Deutschland über eine Milliarde Anlagevehikel gegenüber. Das sind all die verschiedenen Produkte, die von Banken, Bausparkassen, Versicherungen und Kapitalanlagegesellschaften angeboten werden, um das Geld privater Anleger einzusammeln.

Bildlich beschrieben sind diese Anlagevehikel laut Hartmut Walz wie eine Verpackung um deine Anlage. Dein Geld steckt letztendlich immer in einer der wenigen Anlageklassen und die Verpackung soll dir den Zugang dazu ermöglichen, kleine Geldbeträge bündeln und einer gemeinsamen Anlage zuführen. Doch es kann passieren, dass diese Verpackung minderwertig ist und den

Inhalt in Mitleidenschaft zieht. Genau dort sieht Hartmut Walz das Vehikelrisiko. Wenn somit die Vehikel, die dir eigentlich den Zugang zur gewünschten Anlageklasse erleichtern sollen, durch Schieflage des Finanzdienstleisters bedroht werden, tritt das Vehikelrisiko ein. Zusammengefasst in einem Satz: Wenn du keine maximale Rendite erreichst, hast du entweder unzureichend über verschiedene Anlageklassen gestreut oder sogar auf eine falsche Anlageklasse gesetzt. Oder du lagst hinsichtlich der Anlageklasse ganz richtig, aber hast ein Vehikelrisiko unterschätzt. Die rund eine Milliarde Euro Verlust, die allein deutsche Anleger durch das Vehikelrisiko „Investmentzertifikat" bei der Leman-Brother Pleite verloren haben, sollten uns ein Warnsignal sein. Deshalb lohnt es sich, die Vehikelrisiken ernst zu nehmen und zu minimieren.

DAS UNTERSCHÄTZTE VEHIKELRISIKO LEBENSVERSICHERUNGEN

Grundsätzlich besteht bei jedem Anlagevehikel (also Anlageprodukt) ein Vehikelrisiko. Jedoch kann dies eher gering oder auch beträchtlich bzw. sehr groß sein. Hartmut Walz geht im folgenden auf die – aktuell noch völlig unterschätzten – Vehikelrisiken kapitalbildender Lebens-und Rentenversicherungen ein. Damit sind also nicht die klassischen Versicherungen im Haushalt oder für das eigene Auto gemeint, sondern lediglich die Produkte, die Sparen und Versichern kombinieren. Oder aber reine Sparprodukte darstellen, die durch einen Versicherungsmantel bestimmte Steuervorteile erzielen. Beim Versicherungssparen entsteht allerdings zukünftig ein entscheidendes Problem. Denn die fortdauernde und in diesem Ausmaß nicht erwartete Null- und Negativzinspolitik der EZB führt zu der Gefahr, dass manche Versicherungsgesellschaften ihre versprochenen Leistungen langfristig nicht erfüllen werden können.

Die Auswirkungen sinkender Zinssätze in der Eurozone haben sich bereits in über die Zeit stark sinkenden Garantiezinssätzen niedergeschlagen. So ist der Garantiezins von 4 Prozent auf aktuell 0,9 Prozent gesunken. Und eine weitere Verringerung auf 0,5

Prozent oder sogar 0,25 Prozent ist Stand 2021 im Gespräch. Ein aktueller Garantiezins von 0,9 Prozent bedeutet, dass dir auf den Sparanteil deiner LV-Einzahlungen 0,9 Prozent Rendite garantiert werden. Da der Sparanteil jedoch keineswegs deinen Einzahlungen entspricht, sondern um allerlei Kosten reduziert wurde, bekommst du die 0,9 Prozent auf nur auf einen reduzierten und zudem noch unbekannten Teil deiner Beitragsleistung. Ein Beispiel: Wenn du monatlich 100 Euro an den Versicherer überweist, dann bekommst du diese 0,9 Prozent z.B. auf deinen Sparanteil von vielleicht ca. 80 Euro. Alle Kosten des Versicherers werden vorab deinen Zahlungen entnommen. Und diese Kosten können beträchtlich sein, sind von Versicherer zu Versicherer unterschiedlich und werden dir nicht mitgeteilt. Kurzum: Du erhältst 0,9 Prozent auf einen dir nicht bekannten Sparanteil deiner Zahlungen.

Schon das ist übel genug und klingt nicht gerade nach „maximaler Rendite".

Jedoch kommt es noch schlimmer: Da die Versicherungsgesellschaften noch Altverträge mit Garantiezinsen von z.B. 4 Prozent haben und aufgrund hoher Kosten und sinkender Zinsen bei der Anlage der Kundengelder diese Renditen kaum noch erwirtschaften, wird die Luft eng.

Die Situation ist – je nach Versicherer – sehr unterschiedlich, jedoch für dich als Kunde sehr schwer zu beurteilen. Denn das Bundesaufsichtsamt für Finanzdienstleistungen wird dir nicht verraten, ob dein Versicherer stark gefährdet ist oder noch über gute Reserven zum Verlustausgleich verfügt.

Sobald dein Versicherer seine garantierte Leistung nicht mehr erbringen kann, tritt das Vehikelrisiko von kapitalbildenden Verträgen ein.

Sollte dein Versicherer der erste und einzige Problemfall sein, so könntest du Glück haben und davon profitieren, dass es mit der Protektor-AG eine Institution gibt, die Deine Garantieansprüche erfüllt. Du erhältst also die garantierte Leistung, die dich wahrscheinlich jedoch nicht einmal für deinen erlittenen Inflationsschaden entschädigt.

Sollte jedoch nicht nur ein einzelner Versicherer, sondern gleich mehrere in Probleme geraten, so ist das relativ geringe Haftungs-kapital von Protektor auch schnell erschöpft. In diesem Fall ist der Versicherer nicht mehr in der Lage, sein Verpflichtung zu er-füllen und müsste eigentlich Insolvenz anmelden und aus dem Markt ausscheiden.

Dies möchte unser Staat aber unbedingt vermeiden, weil der Tod eines Versicherers zum Vertrauensverlust gegenüber der gesam-ten Branche führen könnte. Ein Domino-Effekt ohne erkennbares Ende könnte eintreten, d.h. jeder große fallende Baum reißt noch ein paar kleinere mit um, die dann ihrerseits wieder ein paar an-dere in die Insolvenz führen.

Kurzum: Kollektiver Verbraucherschutz schlägt den Verbrau-cherschutz des Einzelnen und daher „saniert" der Gesetzgeber lieber im Notfall einen schwächelnden Versicherer, indem er die Ansprüche des einzelnen Kunden reduziert. Dies ist im §314 VAG (Versicherungsaufsichtsgesetz) schon so vorgesehen, d.h. Ver-luste der Versicherten zur Rettung des Versicherungsunterneh-mens sind schon heute gesetzlich vorbereitet. Das ist das Vehi-kelrisiko, welches du aktuell bei jedem kapitalbildenden Vertrag zwangsläufig eingehst.

DUBIOSE ARGUMENTE DER VERSICHERUNGSVERMITTLER

Bei diesen unerfreulichen Entwicklungen entsteht automatisch die Frage, warum denn trotzdem so viele Versicherte eine Le-bensversicherung besitzen oder sogar einen Vertrag abschließen. Hartmut Walz erklärt dies mit dem enormen Vertriebsdruck der Branche. Selbst Vorstände von Versicherungsunternehmen brüs-ten sich mit dem Satz: "Versicherungsverträge werden nicht ge-kauft, sondern verkauft". Wohl kaum ein Bürger überrennt die Filiale eines Lebensversicherers mit dem unbändigen Wunsch nach Vertragsunterzeichnung oder schwärmt aus innerer Über-zeugung von einer bestimmten Lebensversicherung. Wenn du sie abschließt, dann weil sie dir ein Vermittler vorschlägt oder sich die versprochenen Renditen verlockend anhörten.

Auffällig ist auch, dass die Banken immer stärker auf die Vermittlung kapitalbildender Lebens- und Rentenversicherungen setzen, da sie hiermit Einlagen reduzieren können, für die sie bei der EZB selbst Strafzinsen zahlen müssen und gleichzeitig von den begünstigten Versicherungsgesellschaften Vertiebsprovisionen bzw. Kick-Backs erhalten. Deshalb unterbreiten aktuell häufig Bankvertriebler ihren Kunden Versicherungsangebote und heben die angeblich sicheren Renditechancen hervor. Oftmals nutzen sie dabei auch das Argument, dass aufgrund der EZB-Politik eine Negativverzinsung von Bankeinlagen unmittelbar bevorstehe und es deshalb für den Kunden vorteilhafter sei, das Ersparte in eine Lebensversicherung mit Einmalzahlung zu investieren. Selbst bei einem Renditeversprechen von nur 0,9 % erscheint die Versicherung mit Einmalzahlung als das kleinere Übel, wenn der Kunde nicht verstanden hat, dass sich die Renditeangabe nur auf den Sparanteil bezieht, jedoch die Rendite auf das eingebrachte Kapital mit Sicherheit negativ wird.

SO LÄSST SICH DAS VEHIKELRISIKO BEI LEBENSVERSICHERUNG UMGEHEN

Um das Vehikelrisiko Lebensversicherung zu vermeiden, empfiehlt Hartmut Walz einen einfachen Grundsatz: Trenne Sparen von Versichern. Denn Versicherungen sind zwar praktisch für dein Auto, Hobby oder Beruf und damit zur Risikoabdeckung. Doch du solltest niemals versuchen, über eine Versicherung ein Vermögen aufzubauen oder maximale Rendite zu erreichen. Vielen Personen fällt es schwer, dem Sicherheitsversprechen zu widerstehen, aber wer langfristig eine reale Rendite bekommen möchte, sollte Versicherungssparen konsequent vermeiden. Denn natürlich steht im Vertrag die nominelle Zusage, dass du dein Geld wieder bekommst, doch was du dir mit dem erhalten Geld kaufen kannst, ist eine andere Frage. Zu erwarten ist laut Hartmut Walz leider, dass du beim Versicherungssparen einen

Kaufkraftverlust erleidest, also dass die Rendite auf das von dir eingebrachte Kapital unter dem von dir erlittenen Inflationsschaden liegt.

Es gibt nur wenige und seltene Ausnahmen, bei denen eine kapitalbildende Lebensversicherung für den Verbraucher vorteilhaft ist. Hier geht es ausschließlich um Steuervorteile, die der Gesetzgeber beim Versicherungssparen einräumt. So lassen sich über Versicherungsverträge Vermögensteile steuerbegünstigt an die Nachfolgegeneration übertragen. Kostengünstige Nettopolicen – das sind Versicherungsverträge ohne Provisionsbestandteile – ermöglichen auch das Erzielen legaler steuerlicher Vorteile. Jedoch muss der Steuervorteil erst einmal die Kosen des Versicherungsmantels übersteigen und das ist nur bei langer Laufzeit (lieber 20 als 15 Jahre) und günstigen Tarifen der Fall. Hartmut Walz schätzt den Anteil der aus Kundensicht vorteilhaften Versicherungsverträge auf dieser Fälle auf unter 1 Prozent aller kapitalbildenden Verträge. Auch werden kostengünstige Nettotarife im üblichen Vertrieb durch Banken, Versicherungsgesellschaften und Strukturvertriebe nicht angeboten. Deshalb sollte sich der Normalverbraucher lieber an den Grundsatz „Trenne Spare vom Versichern" halten.

ERSTE MASSNAHMEN FÜR BESITZER EINER LEBENSVERSICHERUNG

Wenn du aktuell eine Lebensversicherung besitzt und den möglichen finanziellen Verlust erkennst, macht es für Hartmut Walz keinen Sinn, sofort in Panik zu geraten. Denn es gibt verschiedene Wege, die sich nun einleiten lassen. Zuerst solltest du dir deinen Vertrag ganz genau anschauen. Oftmals besitzt dieser nämlich eine "Beitragsdynamik", das bedeutet, dass deine Sparbeiträge in den nächsten Jahren immer weiter ansteigen. Jedes Mal, wenn dieser Beitrag steigt, fallen allerdings neue Vertriebsprovisionen an und die musst du bezahlen. Deshalb lohnt es sich, dieser Dynamik zu widersprechen und dafür reicht ein kurzer Brief mit dem Satz "Hiermit widerspreche ich der Beitragsdynamik im

Vertrag XY".

Als zweite Möglichkeit kannst du die Einzahlung deiner Sparbeiträge stoppen. Damit kündigst du die Versicherung nicht und
musst dich folglich noch nicht mit den Kündigungsrichtlinien
beschäftigen, aber du investierst kein weiteres Vermögen. Dieser Schritt bietet sich an, wenn dein Vertrag schon sehr lange
läuft und bald endet. Wenn du allerdings erst vor kurzem eine
Lebensversicherung mit einer langen verbleibenden Laufzeit abgeschlossen hast und hohe zukünftigen Gebühren für den ru-
henden Vertrag befürchten musst, bietet sich die Kündigung an.
Durch die Kündigung entstehen zwar zunächst auch Verluste,
jedoch kannst du das zurückerhaltene Geld ab sofort besser anlegen. Hier gilt ganz klar: Lieber ein Ende mit Schrecken als ein
Schrecken ohne Ende!

Bei etlichen Versicherungsverträgen mit Sparcharakter gibt es
noch ein schönes „Sahnehäubchen", nämlich den so genannten
Widerrufs-Joker. Gemäß den rechtlichen Vorgaben müssen Versicherer ihre Kunden auf die Möglichkeit eines Widerrufs des
Vertragsabschlusses hinweisen. Das haben viele jedoch nicht
oder nicht formal korrekt getan. Es gibt Abschlussjahre, in denen
bei manchen Gesellschaft bis zu 95 Prozent der unterzeichneten
Verträge wegen mangelhafter Widerrufsbelehrungen anfechtbar
sind. Das bedeutet für dich, dass du bei einem Widerruf deiner
Lebensversicherung nicht nur Deine Beiträge sowie deine gesamten Kosten zurückbekommst. Sondern darüber hinaus den Er-
trag, den die Versicherungsgesellschaft mit deinem Vermögen erzielt hat. Daher lohnt es sich, den Vertrag zu prüfen und sich zum
Beispiel für eine (meist kostenlose) Erstberatung an einen spezialisierten Anwalt für Versicherungs- oder Kapitalmarktrecht zu
wenden. Hartmut Walz beschreibt auf seinem Finanzblog und
in seinen Büchern die hilfreichen Schritte und Details, um Versicherten zu helfen, sich aus schädlichen und überteuerten Versicherungsverträgen zu befreien.

PRIVATE EINSCHÄTZUNGEN ZUM VERMÖGENSAUFBAU

Für Hartmut Walz handelt es sich bei den Vehikelrisiken in Versicherungsverträgen nicht nur um ein spannendes und vor allem relevantes Thema. Er selbst musste auch schon mit diesen Risiken umgehen und besaß trotz Vorwissen aus der Bankenbranche gemeinsam mit seiner Frau sogar mehrere Lebensversicherungen. Dabei konnte ihn die Wirksamkeit der einzelnen Maßnahmen überzeugen. Denn er entschied sich zunächst dafür, die Dynamik aus den Verträgen zu entfernen und konnte einen Vertrag durch Nutzung des Widerrufjokers mit hübschem Gewinn auflösen. Insgesamt musste er jedoch mit den Lebensversicherungen finanzielle Verluste hinnehmen. Mit dem heutigen Wissen würde er ganz sicher keine kapitalbildenden Versicherungsverträge mehr abschließen. Jedoch verbleibt ihm die Gewissheit, mit der Beendigung der unvorteilhaften Verträge seinen Verlust nachträglich begrenzt zu haben.

Heute besitzt Hartmut Walz keine kapitalbildenden Versicherungen mehr und setzt stattdessen auf ETFs, die für ihn preiswerteste und sicherste Anlagemöglichkeit. Generell verzichtet er auf Spekulationen oder glaubt den Vorhersagen für vermeintlich hohe Rendite durch zum Beispiel einzelne Aktienkäufe nicht, sondern versucht stattdessen, durch seine weltweit streuenden ETFs möglichst kostenarm die Marktrendite abzugreifen, die in den letzten fast 100 Jahren – je nach Markt - durchschnittlich bei 8 bis 11 Prozent lag.

EINFACHE SCHRITTE FÜR DEINE MAXIMALE RENDITE

Wenn du nicht sicher bist, ob sich deine Lebensversicherung nun widerrufen lässt oder du insgesamt mehr Informationen zu diesem Thema benötigst, wende dich am besten an neutrale Beratungsstellen. Dazu gehört laut Hartmut Walz der "Bund der Versicherten", der auch Musterklagen durchführt. Oder aber die

Verbraucherzentrale, die sehr preiswerte Beratungen anbietet. Darüber hinaus gibt es auch neutrale Versicherungsberater oder Finanzanlagenberater auf Honorarbasis, die zwar 125 bis 200 Euro pro Stunde verlangen, jedoch auf die eingesparte Summe bezogen trotzdem günstig und absolut empfehlenswert sind.

Als ersten Schritt für deine maximale Rendite empfiehlt Hartmut Walz zudem die Auswahl einer Anlagemöglichkeit nach dem KISS-Prinzip, was für "keep it simple and stupid" steht. Dabei könnte ein einfacher ETF in Frage kommen, der möglichst breit streut und viele Aktiengesellschaften beinhaltet. Als Beispiel nennt er ETFs auf den MSCI All Country World, der alle Industrie- und Schwellenländer einschließt. Oder aber ETFs auf den Financial Times Stock Exchange All World Index , kurz FTSE All-World Index, der ebenfalls die weltweite Marktkapitalisierung umfasst. Falls du regelmäßig ansparen möchtest, gibt es auch bei vielen Online-Banken kostenlose ETF-Sparpläne mit dieser Indexgrundlage.

Wenn du loslegst und dich zunehmend mit dem Thema beschäftigst, sind auch nachträgliche Anpassungen möglich, die deine Rendite erhöhen können. Doch von solchen Überlegungen hält Hartmut Walz beim Einstieg wenig. Er ist sich sicher, dass zu viele Details und Überlegungen beim Start in den Vermögensaufbau abschrecken. Deshalb solltest du den Fokus einfach darauf legen, die Marktrendite abzugreifen und hohe Kosten sowie die Vehikelrisiken zu vermeiden. Lass dich dabei nicht durch Werbung oder Medien beeinflussen und starte am besten direkt heute mit deinen Maßnahmen für eine maximale Rendite.

„Bis zu 10% des Anlagevermögens kann man in Rohstoffe investieren."

Dr. Jörg Rodenwaldt & Dr. Thomas Menzel

DR. JÖRG RODENWALDT

Dr. Jörg Rodenwaldt ist promovierter Volkswirt und verfügt über eine mehr als zwanzigjährige Erfahrung in leitender Position bei führenden deutschen Finanzdienstleistungsunternehmen im In- und Ausland, besonders im asiatisch-pazifischen Raum von Japan bis Australien. Er war langjähriger Dozent an der Leibniz Fachhochschule und ist Mitautor von drei Büchern über Geldanlagen. Er ist selbständig, vermittelt mittelständische, europäische Unternehmen an internationale Kunden und entwickelt Fondskonzepte für Finanzdienstleister, Banken und potentielle Fondsinitiatoren.

🌐 www.geldanlegen.com.de

DR. THOMAS MENZEL

Dr. Thomas Menzel ist promovierter Volkswirt und CPA. Auch er verfügt über eine mehr als zwanzigjährige Erfahrung in leitender Position bei führenden deutschen Finanzdienstleistungsunternehmen im In- und Ausland, insbesondere im Bereich des Risikomanagement und der Kapitalmarkttransaktionen. Er ist Mitautor von drei Büchern über Geldanlagen mit dem Schwerpunkt der „Asset Allocation" und Manager eines nach diesen Grundsätzen anlegenden Mischfonds, dem „Smart Beta Chance". Derzeit ist er kaufmännischer Geschäftsführer zweier weltweit agierender Digitalunternemen im Bereich der Mobilitätsdienstleistungen.

🌐 www.geldanlegen.com.de

Rohstoffe als attraktive Investition für chancenorientierte Anleger

―――

Ein Interview mit Dr. Jörg Rodenwaldt & Dr. Thomas Menzel

Für Dr. Thomas Menzel und Dr. Jörg Rodenwaldt ist die Finanzwelt ihr Zuhause. Langjährige Berufserfahrung, ein Gespür für Investitionen und Risiken als auch die Leidenschaft für die unterschiedlichsten Themenbereiche innerhalb des Finanz-Kosmos zeichnet den Erfolg der beiden Experten aus. Ihre Ausführung zahlreicher leitender Positionen in Unternehmen, sowohl im Inland als auch im Ausland, hat die beiden zu dem gemacht, was sie heute sind: Durch und durch Finanzmenschen, die Trends erkennen, Anlagestrategien entwickeln und mit Begeisterung ihren Ansatz "Asset Allocation" vertreten.

ROHSTOFFE UND IHRE EIGENSCHAFTEN

Um ihren Ansatz zu verstehen und auch die Chancen von Rohstoffen als Anlagestrategien zu begreifen, solltest du vorab wissen, was Rohstoffe so besonders macht. Allen voran muss man sich bewusst werden, dass ohne Rohstoffe kein Leben auf der Erde existiert. Ohne diese in der Natur vorkommenden, natürlichen Rohstoffe gibt es auch keine Entwicklung, keinen Fortschritt und keine Industrialisierung. Rohstoffe halten uns und die Wirtschaft am Leben. Die wachsende Weltbevölkerung und die aufholende Entwicklung vieler Länder werden die Nachfrage nach Rohstoffen unverändert antreiben. Die mögliche Endlichkeit vieler Rohstoffe und deren Produktions- und Marktstrukturen beeinflussen die Preisbildung und können dadurch zu Verzerrungen und Übertreibungen führen. Das konnten die beiden Finanzexperten bei stark unterschiedlichen Rohstoffen wie Gold, Mais, Reis, Kaffee und Öl beobachten.

Die Anlageklasse Rohstoffe, im Englischen auch Commodities genannt, ist wohl die heterogenste Anlageklasse, wenn man sie mit Aktien, Anleihen und Immobilien vergleicht. Denn diese Klasse lässt sich grob in zwei unterschiedliche Kategorien unterteilen: in die sogenannten Soft Commodities und Hard Commodities. Zu Ersteren zählen landwirtschaftliche Erzeugnisse wie Getreide und Vieh. Die Edel- und Industriemetalle, wie Gold, Silber oder Platin als auch Energie wie Öl, Gas und Strom, ordnet man der zweiten Kategorie zu. Es gibt hier also eine Vielzahl an Möglichkeiten, die du bei der Investition in Rohstoffe beachten solltest.

WIE KANN MAN ALS PRIVATANLEGER IN ROHSTOFFE INVESTIEREN?

Wie bereits erwähnt sind Jörg Rodenwaldt und Thomas Menzel Verfechter des Ansatzes "Asset Allocation". Im Prinzip sagt dieser Ansatz nur aus, dass man als Anleger nicht alle Eier in einen Korb legen sollte. Anstatt alles auf eine Karte zu setzen, können Anleger - gerade im Hinblick auf Vermögensaufbau - in verschiedene Anlageklassen investieren. Ob Aktien, Anleihen, Rohstoffe oder Immobilien, die Investitionssumme sollte breit gestreut sein.

Anders als bei der Investition in Aktien werfen Investitionen in Rohstoffe keine Zinsen und Dividenden ab, betonen Thomas Menzel und Jörg Rodenwaldt. Durch Rohstoffe erwächst per se kein Mehrwert oder volkswirtschaftlicher Profit. Dieser entsteht erst durch den Einsatz oder die Verarbeitung, weshalb Renditen allein durch Preissteigerungen resultieren. Gehandelt werden

Rohstoffe an spezialisierten Börsen oder auch direkt zwischen den Marktteilnehmern, wo sie meistens auf standardisierten Verträgen basieren.

Willst du also in Rohstoffe investieren, tust du dies in der Regel als Privatanleger. Auch hier ergibt sich wieder ein deutlicher Unterschied zu einer Investition in Aktien: Denn während man bei Aktien lediglich Wertpapiere ausgehändigt bekommt, wollen wohl fast alle Privatanleger von Rohstoffen, von Gold und Silber einmal abgesehen, diese nicht physisch erwerben und entsprechend lagern müssen. Deshalb greift man hier auf spezielle Finanzinstrumente zurück. Als Finanzinstrumente stehen Optionen und Futures bzw.Terminkontrakte auf einzelne Rohstoffe zur Verfügung. Ein Terminkontrakt ist ein Termingeschäft, bei dem verbindliche Abmachungen über das zugrunde liegende Objekt, die Kontraktgröße, das Lieferdatum, den Erfüllungsort und den Preis vereinbart werden.

Seit ein paar Jahren ermöglichen sogenannte Exchange Traded Commodities, kurz ETC, Privatanlegern, in einzelne Rohstoffe oder aber auch in ganze Rohstoffkörbe zu investieren. Die Wertentwicklung eines ETC orientiert sich dabei wahlweise am Preis für die Sofortlieferung oder dem Preis für die Lieferung in der Zukunft. ETC sind also wie Zertifikate, sogenannte Inhaberschuldverschreibungen, und unterliegen damit dem Solvenzrisiko der sie ausgebenden Institution.

Jörg Rodenwaldt und Thomas Menzel raten Privatanlegern jedoch stark davon ab, Instrumente für einzelne Rohstoffe zu kaufen, da eine breite Aufstellung ihrer Meinung nach sinnvoller erscheint und auch sicherer ist. Beide Experten verfolgen seither einen sehr diversifizierten Investitionsansatz. Bist du also an Investitionen in Rohstoffe interessiert, ist es klüger - besonders als Einsteiger - in einen aktiv gemanagten Rohstofffonds oder in einen ETF auf einen der wenigen, marktbreiten, breit diversifizierten Rohstoffindizes zu investieren.

DIE BEDEUTUNG DER ROHSTOFF-INDIZES

Zu unterscheiden sind nach den beiden Finanzexperten Investitionen in Rohstoffe und aktienbasierte Rohstoffinvestitionen. Letzteres ist eine gesonderte Branchenstrategie am Aktienmarkt. Denn wer denkt, dass sich die Kurse von Rohstoffen synchron zu den Aktienkursen verhalten, irrt sich.grundsätzlich gibt es folgende gängige Rohstoff-Indizes, die auch als ETF erhältlich sind:

- Refinitiv / CoreCommodity CRB Index (CRB)

- Continuous Commodity Index (CCI)

- S&P Commodity Index (S&P GSCI)

- Bloomberg Commodity Index (BCOM)

- Rogers International Commodity Index (RICI)

- UBS Bloomberg – Constant Maturity Commodity Index (CMCI)

Deutsche Bank Liquid Commodity Index Optimum Yield Balanced (DBLCI-OY)

Die Indizes unterscheiden sich in der Gewichtung und Anzahl der enthaltenen Rohstoffe. Deshalb raten die Experten, dass, bevor man sich für einen ETF auf einen Rohstoffindex entscheidet, man sich mit der Konstruktion des Indexes, wie der Zusammensetzung und der Gewichtung der einzelnen Rohstoffe, unbedingt eingehender beschäftigt.

Doch wie setzen sich die Preise der Indizes zusammen und warum werden keine Dividenden ausgeschüttet? Zum einen spiegeln die Preise der Indizes die Preisentwicklung der Rohstoff-Futures an den Börsen wider. Zum anderen können genau deshalb – anders als bei den anderen Anlageklassen - keine Dividenden ausgeschüttet werden, weil keine Zinszahlungen oder irgendwelche anderen Zahlungsströme fließen. Die ETF auf die Indizes sind nur thesaurierend, nicht ausschüttend. Eine Investition in einen ETF auf einen der oben erwähnten Rohstoff-Indizes ist daher nur für langfristig ausgerichtete Anleger geeignet, die den Diversifikationsvorteils nutzen wollen und gleichzeitig bereit sind, größere Risiken oder eine höhere Volatilität in Kauf zu nehmen.

WELCHE RISIKEN KÖNNEN SICH BEI DER INVESTITION IN ROHSTOFFE ERGEBEN?

Grundsätzlich bezeichnen die beiden Experten Rohstoffe als Hybrid-Kategorie beim Investieren. Denn wer als Anleger eine etwas aggressivere Variante bevorzugt und in diesem Sinne auch direkt Rendite erwirtschaften möchte, der sollte in Aktien investieren. Wer konservativer unterwegs ist und auf maximale Sicherheit aus ist, wird eher in Anleihen oder Liquidität-Sparprodukte investieren. Sich für Rohstoffe zu entscheiden ist dagegen eine eher offensive Anlagestrategie. Es bedeutet also, ein ausgewogener Vermögensaufbau nach deiner eigenen Risikoneigung.

Doch gleichzeitig betonen Thomas Menzel und Jörg Rodenwaldt auch, dass auf einen Nicht-Spezialisten überall Risiken lauern können. Denn es gibt viele Faktoren, die die Werte nach oben oder unten treiben. Demnach sollte man, egal ob Getreide, Schweinebäuche oder Edelmetalle, auch hier in mehrere Rohstoffklassen investieren. Auch wenn du denkst, du würdest dich auskennen und ein extremes Spezialwissen vorweisen, vermag kaum einer vorherzusagen, wie sich Rohstoffwerte entwickeln werden. Denn Rohstoffpreise schwanken häufig stärker als Aktien- und Anleihekurse, wodurch die Preisrisiken komplexer sind und die Märkte bei vielen Rohstoffen enger und illiquider. Die Preisbildung einiger Rohstoffe wie Öl wird von Organisationen wie der OPEC und durch regulatorische Vorgaben von Aufsichtsbehörden beeinflusst. Zusätzlich kann hier ein zyklisches Angebots- und Nachfrageverhalten zu starken Schwankungen führen. Bedenke auch, dass Rohstoffe überwiegend in US-Dollar gehandelt werden. Auf- und Abwertungen von Währungen können somit ebenfalls einen Einfluss auf die Preisgestaltung haben sowie auch politische Risiken in diversen rohstoffreichen Ländern und klimatische Einflüsse auf Ernten – um damit nur ein paar der möglichen Risiken aufzuzeigen.

WELCHER INVESTITIONSHORIZONT SOLLTE ANGESETZT WERDEN?

Auch hier kommt es, so wie bei vielen Anlagestrategien, auf den Grund der Investition an. Möchtest du langfristig investieren und so für eine Alterssicherung sorgen? Grundlegend gestaltet sich der Vermögensaufbau mit Rohstoffen schwieriger, da sie ganz anders als bspw. Aktien funktionieren. Auch hier kann man Geld verlieren, auch hier ist die Investition nicht absolut sicher. Doch Unternehmenswerte werden nach Inflations- und Wachstumslogik mittelfristig eher steigen, bei Rohstoffen kann man das nur bedingt sagen. Doch investierst du breit diversifiziert in Rohstoffklassen, schwächen dich einzelne Wertverluste bestimmter Rohstoffe nicht so sehr, wie es Einzelinvestitionen tun würden. Ein bis zwei Jahre sind daher ein zu kurzer Zeitraum, als dass sich wirklich lohnenswerte Renditen ergeben. Nach Jörg Rodenwaldt und Thomas Menzel solltest du daher viel eher einen Investitionshorizont von über fünf Jahren ansetzen.

WELCHE MINDESTSUMME BIETET SICH FÜR EINSTEIGER AN?

Die Finanzexperten raten dazu, bis zu circa zehn Prozent des Anlagevermögens in Rohstoffe zu investieren und immer breit aufgestellt in verschiedene Klassen. Dass man schon mit 500 oder 1.000 Euro Vermögen aufbauen kann, ist schwierig. Vielmehr raten Jörg Rodenwaldt und Thomas Menzel dann mit kleineren Beträgen über ein konfektioniertes Portfolio, welches du in einem Papier kaufst und nicht selbst managen muss, zu starten. Um aber wirklich selbst zu handeln, sollte man mit nennenswerten Summen beginnen, die ab etwa 10.000 Euro starten.

EDELMETALLE: GOLD ALS LUKRATIVER ROHSTOFF UND KRISENSICHERE INVESTITION?

Schon immer umgab Gold als Rohstoff eine mystische Aura und entfachte eine Faszination bei uns. Der historische Goldrausch, der im 19. Jahrhundert eine Vielzahl von Menschen in Gebiete lockte und Reichtum versprach. Die rituelle Nutzung von Gold für bestimmte Gegenstände oder Schmuck. Die positive Assoziation mit Gold im Sprachgebrauch (Goldener Oktober, flüssiges Gold, goldene Hochzeit etc.). Gold besitzt eine Anziehungskraft, die über die rein industrielle Nutzung weit hinausgeht. Faktoren wie Seltenheit und Schönheit wirken auf Käufer von Gold genauso wie die Argumente, dass Gold als Versicherung gegen Inflation und wirtschaftliche Instabilität wirken kann. Doch auch der Goldpreis ist von Angebot und Nachfrage bestimmt.

Dass Gold nicht nur als Hort der Sicherheit gegen wirtschaftliche Instabilität und Inflation betrachtet, sondern auch als Fluchtburg in krisenhaften Zeiten bewusst gesucht wird, lässt sich nach Meinung der Experten besonders gut an der Preisentwicklung beim Ausbruch der Krise in der Ukraine 2014 sehen. Das gilt für Privatanleger wie für Zentralbanken. Länder wie die Türkei, Kasachstan und Südkorea stockten ihre Goldbestände kräftig auf, bevor wiederum andere weltpolitische und weltwirtschaftliche Themen wie der Beginn der Zinserhöhung durch die amerikanische Zentralbank mit einhergehender Festigung des US-Dollars zu einem erneuten Nachgeben des Goldpreises führten. Die Corona-Pandemie sorgte für eine Umkehr dieses negativen Trends.

IN GOLD INVESTIEREN

Nach Thomas Menzel und Jörg Rodenwaldt gibt es grundsätzlich drei Strategien für eine Investition in Gold: Physisches Gold, goldbesicherte Schuldverschreibungen oder eine mittelbare Investition über den Erwerb von Aktien der Gold produzierenden oder verarbeitenden Unternehmen. Wie bei Rohstoffen betrachten die Experten auch hier den Erwerb von Aktien als Branchen- oder Sektorenstrategie für Aktien mit allen damit verbundenen Risiken. Nach Berechnungen der Korrelationskoeffizienten verschiedener Anlageklassen im Zeitraum von 1987 bis 2016 kamen die Finanzexperten zu dem Ergebnis, dass Gold - genauso wie Immobilien - mit keiner anderen Anlageklasse nennenswert korreliert. Somit eignet sich Gold ihrer Meinung nach hervorragend zur Diversifikation gegen Marktpreisschwankungen anderer Anlageklassen.

Doch wenn du nun denkst, all deine Sorgen mit Gold loszuwerden und nur auf dieses Edelmetall setzen zu wollen, können dir Jörg Rodenwaldt und Thomas Menzel direkt den Wind aus den Segeln nehmen. Denn die beiden teilen die allgemeinen Befürchtungen nicht, dass es momentan eine Inflationsgefahr gibt, das Papiergeld wertlos wird, der Euro verschwindet und die gegenwärtigen Krisen zu einem Zusammenbruch des Weltwirtschaftssystems führen werden. Und genau diese Befürchtungen lassen den Goldpreis in die Höhe steigen. Und es sind oftmals genau diese Leute, die sich für Goldanlagen interessieren, die von einem baldigen Zusammenbruch ausgehen werden. Deshalb glauben beide Experten auch nicht, dass Gold mittelfristig die Funktion eines Renditetreibers ausfüllen kann.

VERMEIDBARE FEHLER BEI EINSTEIGERN

Neben einer Anlagestrategie nach dem Asset Allocation-Ansatz raten beide Experten dazu, nicht direkt an die Futures-Börse zu gehen, nicht direkt mit Händlern zu korrespondieren, die du nicht kennst oder mit Firmen zusammenzuarbeiten, denen man nicht vertrauen kann. Besonders Firmen aus dem Ausland sollte man kritisch gegenüberstehen, da im Ausland keine Bank prüft, ob du qualifiziert bist und als Privatanleger zu große Risiken eingehst.

Bei den ersten Schritten ist zudem besonders wichtig zu wissen, was du mit der Investition erreichen möchtest und was dein Ziel ist. Wer spekulativ unterwegs ist, würde auch eine ganz andere Literatur zu Recherche oder Beratung suchen, als jemand, der sich langfristig engagieren möchte. Investiere nur in die Rohstoffe, zu denen du dir am ehesten eine Meinung bilden kannst. Und verabschiede dich von dem Gedanken, dass bei genügend Expertise Vorhersagen über Kursschwankungen machbar sind, da selbst absolute und langjährige Finanzexperten hier an ihre Grenzen kommen. Mit diesen Tipps solltest du deinem Ziel, maximale Rendite zu erreichen, ein Stückchen näher kommen.

Dieser Beitrag basiert auf dem Interview mit Dr. Thomas Menzel und Dr. Jörg Rodenwaldt sowie ihrem Artikel "Rohstoffe - Diversifikationsnutzen für chancen-orientierte Anleger?", welcher eine überarbeitete Version der Kapitel 9 und 10 aus ihrem Buch „Mehr Mut für Privatanleger" (2017) ist.

"Die Grundidee der ETF-Industrie war: Ich kaufe einen ganzen Markt."

Dr. Andreas Beck

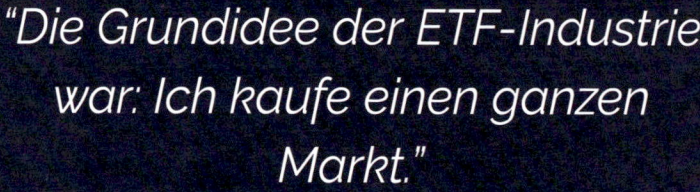

DR. ANDREAS BECK

Dr. Andreas Beck, Mathematiker und promovierter Philosoph, bewertete zu Beginn seiner Karriere Risiken bei der Münchener Rück. Später wechselte er zum Softwarehaus Tetralog Systems und stieg zum Vorstand auf. 2005 gründete er das Institut für Vermögensaufbau (IVA), eine bankenunabhängige Gesellschaft zur Förderung des Vermögensaufbaus von Privatanlegern. Dr. Andreas Beck beschäftigt sich detailliert mit Risikobewertungen von Kapitalanlagen: Für Privatanleger sucht er hierbei unentwegt nach kreativen Lösungen, wie sich das Risiko verringern lässt.

🌐 www.index-capital.info/

Der Faktor Kursveränderung für eine maximale Rendite

Ein Interview mit Dr. Andreas Beck

TIPPS UND TRICKS FÜR DEN EINSTIEG IN ETF-INVESTMENTS

Wer nach der besten Strategie und den wichtigsten Informationen zum Vermögensaufbau sucht, sollte sich den Namen Dr. Andreas Beck merken. Denn der Münchner Finanzexperte berät seit über 20 Jahren Banken und Vermögensverwaltungen im Portfoliomanagement. Dabei konnte er erkennen, dass Qualitätsprobleme und Fehler im Risikomanagement fast immer die gleichen Ursachen haben. Im Jahr 2005 gründete er zudem das Institut für Vermögensaufbau (IVA), eine bankenunabhängige Gesellschaft zur Förderung des Vermögensaufbaus von Privatanlegern. Deshalb gilt er nicht nur als Experte im Bereich Depotaufbau und Investmentprozesse, sondern kann durch seine beruflichen Erfahrung auch die entscheidenden Faktoren für maximale Rendite beurteilen.

DURCH PORTFOLIOMANAGEMENT ZUR ETF-BERATUNG

Anlagemöglichkeiten und deren Risikobewertung begleiten Andreas Beck schon fast sein ganzes Leben lang. Sein beruflicher Werdegang ist unkonventionell, in der achten Klasse brach er die Schule ab, wurde Schlosser, holte das Abitur nach und studierte Mathematik und Philosophie in München. Im Anschluss promovierte er in Logik in Bremen. Parallel zur Promotion arbeitete er als Mathematiker für die Münchener Rückversicherungs-Gesellschaft an der Entwicklung von Modellen zur Bewertung langfristiger Risiken. Dieser Bereich des Portfoliomanagements ist für Anleger mit langfristigem Anlagehorizont von herausragender Bedeutung. Die Kernfrage lautet: Wie muss ich ein Portfolio steuern, um langfristig das Ziel hoher Renditen zu erreichen, unabhängig davon, wie stark der Wert meines Portfolios kurzfristig schwankt?

Mit dem Blick auf Privatanleger betont Andreas Beck die Bedeutung der Kosten. Die Zeit vor 2010 beschreibt er als "Wilder Westen". Vermögensverwalter und Banken versteckten an allen möglichen Ecken und Enden Kosten in den Investments. Anleger hatten keine Chance diese zu erkennen. Erst mit der Einführung der Finanzmarktrichtlinie "MiFID" mussten die Vermögensverwalter ihre Kosten wesentlich transparenter offenlegen und auch senken. Viele Projekte von Andreas Beck drehten sich daher um die Frage, wie kann man ein Portfolio zu möglichst günstigen Kosten aufbauen kann. Er beschäftigte sich daher intensiv mit ETF zu einer Zeit, als diese an deutschen Börsen noch gar nicht gehandelt wurden. Für die Deutsche Bank entwickelte er zum Beispiel den weltweit ersten vermögensverwaltenden ETF (Xtrackers Portfolio ETF).

Diese Exchange Trading Funds waren zunächst einmal ein sehr gut geeignetes Instrument, damit Vermögensverwalter ihre Portfolios effizienter aufbauen konnten als zuvor. Doch der Einstieg war mehr als schwierig, denn als Andreas Beck den Einsatz von ETFs im Portfoliomanagement vorschlug, waren diese in Deutschland noch nicht zugelassen. Man musste sie an einer

US Börse kaufen, so dass es steuerliche Probleme für deutsche Anleger hätte geben können. Tatsächlich verstand seinerzeit kein Finanzbeamter den Unterschied zwischen einem ETF und einer Aktie, sodass es seitens der Behörden nie beanstandet wurde. Ab etwa 2006 begann dann auch in Deutschland der Siegeszug der ETF. Die Effizienzvorteile sprachen sich erst bei Profis und dann bei Privatanlegern schnell herum.

ZWEI MÖGLICHKEITEN FÜR DEINE RENDITE

Generell gibt es nur zwei Arten von Renditen, die ich als Anleger erwarten darf. Zum einen die sogenannte systematische Rendite, die Unternehmen bieten müssen, wenn sie Kapital benötigen. Diese Summen werden am Markt gehandelt, wenn ein Unternehmen einen Kredit oder Eigenkapital nachfragt. Das Unternehmen fragen am Markt an, zu welchen Konditionen Anleger dazu bereit sind, Kapital zur Verfügung zu stellen. Kommt es zu einer Einigung, so kommt es zum Handel der Anleihe oder der Aktie des Unternehmens. Tatsächlich besteht der Großteil des Handels darin, dass ein Anleger sein Wertpapier an einen anderen Anleger verkauft, das Unternehmen selbst auf den ersten Blick dabei außen vor bleibt. Rein fachlich macht es aber keinen Unterschied. Die Bewertung zu der zum Beispiel eine Aktie aktuelle gehandelt wird ist der Referenzkurs für die aktuelle Bewertung des Unternehmens am Markt.

Der Kurswert einer Aktie ist somit der Wert, den der Markt für passend hält, um einem Unternehmen Kapital zur Verfügung zu stellen. Diese Welt sieht Andreas Beck als einfach an, denn sie ist wissenschaftlich in der Kapitalmarktforschung seit 60 Jahren untersucht, man weiß, wie sie funktioniert und auch warum es funktioniert.

Wenn du diese Renditen anstrebst, dann kannst du auch einen ETF kaufen, weil dieser nämlich nichts anderes macht als diese Märkte in einem Wert zusammenzufassen. Den einen genialen

Vermögensverwalter, der alles vorhersagen kann und den alle so gerne hätten, gibt es laut Andreas Beck jedoch nicht. Auch von den sogenannten "Neo-Brokern" hält er nichts. Darunter versteht man man eine Generation von Online-Brokern, die mit einer neuen Herangehensweise ihre Dienste anbieten. Statt sich auf eine möglichst breite Palette an Dienstleistungen zu fokussieren, setzen diese Broker auf einen ausgewählten Bereich des Tradings, akzeptieren ein höheres Risiko und wollen dort besonders gut sein. Dieser zweite Bereich, also der spekulative Bereich des Aktienhandels, gehört zu den unsystematischen Renditen. Wer aktiv eine bestimmte Aktie auswählt in dem Glauben damit besser als mit einem Marktbreiten ETF zu fahren, der glaubt, dass der Markt den Wert dieser Aktie falsch einschätzt. Überspitzt formuliert glaubt der Anleger, dass er bessere Informationen hat, als die 50.000 Mathematiker und Physiker die sich weltweit an Hochleistungsrechnern auf nichts anderes konzentrieren, also solche Fehlbewertungen zu erkennen. Einmal erkannt wird durch entsprechenden Kauf- oder Verkaufsaufträge agiert, bis der Kurs wieder als korrekt angesehen wird.

Die Annahme, man könne als Privatanleger aus seinem Wohnzimmer heraus dieses Spiel gewinnen, ist für Andreas Beck schlichtweg falsch. Systematische Renditen einzusammeln ist in normalen Marktphasen seiner Meinung nach deutlich attraktiver, als auf unsystematische Renditen zu wetten. Genau deshalb ist er auch von den ETFs überzeugt, die die Markt-Gewinne einsammeln und langfristig gesehen eine relativ planbare Rendite ermöglichen.

DEIN FOKUS BEI DER ETF-AUSWAHL

Wer Andreas Beck fragt, welcher ETF sich für Einsteiger besonders lohnt, sollte seiner Meinung nach zunächst das Wirkungsprinzip dieser Anlagemöglichkeit betrachten. Denn ETFs wurden erfunden, um den ganzen Markt kaufen zu können, ohne sich Gedanken um zukünftige Produkte zu machen. Zum Beispiel, ob nun Samsung oder Apple zukünftig das bessere Smartphone entwickelt.

Deshalb lässt sich ein perfekter ETF laut Andreas Beck auch nicht ermitteln, da er immer einen gesamten Markt umfasst. Wenn du dabei einen möglichst großen Markt abdecken möchtest, kannst du zum Beispiel auf den "MSCI World"-ETF setzen, dieser beinhaltet 1600 weltweite Aktiengesellschaften und kostet 0,2 bis 0,5 Prozent Gebühren auf deine Anlage. Die Abkürzung steht für Morgan Stanley Capital International, ein Finanzdienstleister, der zahlreiche internationale Branchen- und Länderindizes berechnet.

Oder du möchtest in die deutsche Wirtschaft und den Deutschen Aktienindex investieren, dann kommt der "DAX30"-ETF in Frage. Insgesamt kannst du als Privatanleger aktuell zwischen zehn verschiedenen ETFs wählen, die sich in ihrem Umfang, Gebühren und den Renditen unterscheiden. Bei genauer Analyse wird klar: Die ETFs mit den niedrigsten Kosten besitzen nicht zwangsläufig die höchste Performance. Diese Details sollten dir als Privatanleger jedoch kein Kopfzerbrechen bereiten, denn es geht dabei um minimale Renditeunterschiede.

Ein breit gestreuter ETF mit einem großen Index und somit möglichst vielen Aktiengesellschaften ist dabei fast immer sinnvoller als ein schmaler ETF. Solltest du allerdings in ETF-Investments einsteigen und wirklich gar keine eigenen Vorstellungen besitzen, bieten viele Finanzberater auch sogenannte Modell-Portfolios an. Daran kannst du dich gut orientieren, denn dort sind die jeweiligen Potenziale und Risiken mit aufgeführt. Dadurch werden die ETFs sehr effizient, preisgünstig und du kannst schon mit einem geringen Betrag und einem Sparplan an der Weltwirtschaft teilnehmen.

WICHTIGE HINWEISE BEIM ETF-EINSTIEG

Dabei entsteht jedoch auch automatisch ein Problem, denn eigentlich möchtest du ja mit deinem ETF die gesamte Weltwirtschaft abdecken. Was viele Anleger jedoch nicht wissen oder wissen möchten: Ein ETF-Anbieter kauft in der Regel den Welt-Index nicht vollständig, sondern bietet eine Auswahl an Aktien an, die der Index-Performance möglichst nahe kommen. Deshalb solltest du als Anleger ganz genau prüfen, welche Aktien der ETF-An-bieter nun wirklich umfasst und darauf dein Portfolio ausrich-ten. Am Ende willst du mit deinem Portfolio schließlich deinen anvisierten Index bestmöglich darstellen, auch wenn er sich nie komplett abbilden lässt.

Das gilt zum Beispiel auch für den MSCI All Country World IMI - ETF, kurz MSCI ACWI IMI. Dieser ETF enthält offiziell sogar 8800 Unternehmen und neben den 23 Industriestaaten auch die 27 Schwellenländer. Er setzt sich aus MSCI World, MSCI World Small Caps, MSCI Emerging Markets und MSCI Emerging Markets Small Caps zusammen. Betrachtet man den zur Zeit einzig ver-fügbaren ETF in Deutschland auf diesen wirklichen Weltindex ge-nauer, dann muss man feststellen, dass der ETF aktuell tatsächlich weniger als 1500 Unternehmen enthält. Deshalb ist die Beschäfti-gung mit den verschiedenen ETF-Anbietern so wichtig für deine maximale Rendite. Ob sich ein ETF tatsächlich wie der angegebene Index entwickelt ist wahrscheinlich, aber nicht sicher. Es wird vom Anbieter nicht garantiert. Das Risiko liegt am Ende bei dir.

DIESE FEHLER SOLLTEN ANLEGER VERMEIDEN

Der Tipp von Andreas Beck lautet deshalb, immer in breit ge-streute ETFs zu investieren und keine Nischenmärkte auszuwäh-len. Auch Modeprodukte, wie zum Beispiel im Bereich Nachhal-tigkeit oder künstliche Intelligenz, lohnen sich für Einsteiger und die Erreichung einer maximalen Rendite nicht. Außerdem muss ein Faktor klar sein: Ein ETF kann im Stressfall nicht liquider sein als die Einzelwerte, in die er investiert ist. Das bedeutet, dass ge-rade in Nischenmärkten der Handel mit ETF in Krisen problema-tisch sein kann.

Zum Beispiel kaufen viele Privatanleger aktuell viele "High Yield Bonds"-ETFs. Das sind Aktien von Unternehmen mit höheren Zin-sen. Klingt attraktiv, aber diese Unternehmen sind häufig konkret ausfallgefährdet. Es besteht das Risiko sein Geld zu verlieren, anstelle einen schönen Zins zu bekommen. Zur Zeit handeln viele Anleger solche ETFs, sie sind liquide. Doch für Andreas Beck ist klar, dass die Anleger im Krisenfall dort hohe Verluste hinnehmen müssten, weil die Anleihen hinter diesem ETF nicht über eine ausreichende Liquidität verfügen. Wenn alle gleichzeitig verkaufen wollen, dann werden diese ETF nicht mehr auf dem Sekundärmarkt gehandelt, sondern der ETF Anbieter muss auf dem Primärmarkt aktiv werden und die Inhalte des ETF dort verkaufen. Die dort fehlende Liquidität wird dann zu einem ernsten Problem.

DER FAKTOR KURSVERÄNDERUNG FÜR EINE MAXIMALE RENDITE

Besonders in den letzten Jahren fällt Andreas Beck auf, dass Einsteiger immer gerne einen ETF kaufen und direkt wieder verkaufen. Dabei entsteht bei den Neo-Brokern ein Mittelwert von sieben Trades pro Monat. Diese Vorgehensweise empfindet Andreas Beck als absolut sinnlos, da könne man seiner Ansicht nach auch direkt an Pferdewetten teilnehmen. Auch die Investition in einen ETF für wenige Monate vergleicht er mit einem Lotteriespiel, denn durch die Kursschwankungen lässt sich dabei keine maximale Rendite erreichen. Seiner Meinung nach sollten Anleger einem ETF mindestens fünf bis zehn Jahre Zeit geben. Denn dann werden die laufenden Unternehmensgewinne der Aktien des ETF dominanter als die Kursschwankung und nur so wird die Anlage planbarer.

Ein Beispiel für eine normale Kursveränderung erkennt man laut Andreas Beck an den Entwicklungen der DAX-Punktwerte. Diese DAX-Punkte definieren, wie sich der Wert im Verhältnis zu seinem Ausgangswert 1987 entwickelt hat. Sind es 10.000 Punkte, konnte sich der Dax-Wert seit 1987 somit verzehnfachen. Und dieser Wert wird in den nächsten fünf bis zehn Jahren laut Andreas Beck zwar die 20.000 oder 25.000 Punkte-Marke durchbrechen. Doch diese Rekordwerte sind laut Andreas Beck normal und planbar. Denn die DAX-Punkte repräsentieren alle eingesammelten Unternehmensgewinne und müssen dadurch logischerweise steigen, selbst wenn der Kurswert der Unternehmen selbst nicht steigt.

Deshalb sind die in den Medien dargestellten unglaublichen Rekordwerte eines Aktienindex noch lange kein Grund, nun völlig euphorisch in einzelne Aktien zu investieren oder sich extrem hohe Rendite zu erhoffen. Besser ist es, diese Entwicklungen einzukalkulieren, geduldig zu bleiben und mögliche Kursschwankungen nicht zu hoch zu bewerten.

DEIN IDEALER START IM ETF-HANDEL

Auch wenn Andreas Beck sich schon beruflich tagtäglich mit dem Vermögensaufbau beschäftigt, besitzt er trotzdem auch eigene Privatanlagen und versucht damit, für sich und seine Familie maximale Rendite zu erreichen. Dabei macht er deutlich, dass er nicht nur beruflich zu ETFs rät, sondern diese auch für seine privaten Anlagen nutzt. Zwar investierte er auch mal in einzelne Aktien, um zu spekulieren, wie zum Beispiel in Aeroflot-Aktien einer russischen Fluggesellschaft. Doch dabei kalkulierte er ein hohes Risiko ein und würde diese Aktien daher niemandem konkret empfehlen. Für seine langfristigen Sparpläne kommen nur ETFs in Frage, die sich bisher auch schon als gute Anlagestrategie erwiesen haben und sich auch für deinen Start im Vermögensaufbau anbieten.

Wenn du in den nächsten Tagen mit deinem ETF-Investment starten möchtest, benötigst du laut Andreas Beck ein Wertpapierdepot bei einer Direktbank, da die Filialbanken oft zu hohe Kosten für einen Sparplan berechnen. Als Beispiele nennt er die Anbieter "maxblue" und "comdirect". Dort kannst du Sparpläne ab 50 Euro pro Monat anlegen, die sich dann später noch anpassen lassen. Bei der Empfehlung für einen konkreten ETF weist Andreas Beck zudem darauf hin, dass er selbst für das Management des "Xtrackers Portfolio"-ETF" und des "Global Portfolio One" zuständig ist und diese so gesteuert werden, wie er es für besonders zielführend hält. Ganz konkret macht es Sinn, dass du dich aber zunächst noch einmal mit dem Thema ETFs beschäftigst und dein Vermögen analysierst. Daraus ergibt sich dann eine eigene Strategie für deinen Vermögensaufbau und letztendlich auch eine maximale Rendite.

„Kryptowährungen basieren auf Kryptographie: Sie sind nicht durch Menschen oder Vertrauen abgesichert, sondern durch Mathematik."

Marc Schippke

MARC SCHIPPKE

Marc Schippke ist Gründer und leidenschaftlicher Unternehmer mehrerer erfolgreicher Plattformen wie der Cryptoakademie, dem Deutschen Anleger Club oder der Schippke Wirtschaftsberatung AG (www.sparesteuern.com). Bereits während seines Studiums der Ostasienwissenschaften und Philosophie interessierte sich der gebürtige Berliner für Finanz- und Wirtschaftsthemen. Er besuchte zahlreiche Seminare, sprach mit den besten Anlageberatern und sog alles Wissen in sich auf. Seit 2010 ist er selbstständig, wobei er zu Beginn auch die gleichen Fehler gemacht hat, die viele junge Unternehmer machen. Inzwischen ist er ein echter Experte auf seinem Gebiet. Er zeigt Menschen, wie sie ihr Geld am sinnvollsten investieren können und unterstützt sie mit seinem Team aus internationalen Fachanwälten und Steuerexperten in ihrer finanziellen Unabhängigkeit.

Impressum

Schippke Wirtschaftsberatung AG
Marc Schippke
Baarerstrasse 34
6300 Zug
Schweiz

 marc@sparesteuern.com

 www.sparesteuern.com

Anlagestrategien mit Kryptowährungen

Ein Beitrag von Marc Schippke

Kryptowährungen erlebten 2017 und 2018 einen wahren Höhepunkt. Täglich stiegen die Preise an und wer richtig investiert hatte, konnte mit der digitalen Währung richtig viel Geld machen. Mittlerweile sind die Kurse wieder gefallen und viele Anleger sind verunsichert, ob es sich noch lohnt, in Kryptowährungen zu investieren.

Trotzdem gibt es einige Argumente, die für die Investition in Kryptowährungen sprechen.

Im nächsten Kapitel wird Marc Schippke dir deswegen erklären, wie du mit Kryptowährungen erfolgreich dein Vermögen aufbauen kannst und was du dabei alles beachten solltest.

WIE SIND DIE KRYPTOWÄHRUNGEN ENTSTANDEN?

In den letzten Jahren ist das Thema Kryptowährungen, nicht zuletzt durch den enormen Wertzuwachs des Bitcoin, immer populärer geworden. Während sich zuerst nur eine handvoll "Freaks" damit beschäftigt haben, sind der Bitcoin und andere Kryptowährungen inzwischen zu einer festen Größe bei vielen Anlegern geworden. Die möglichen Gewinnaussichten und die vielen positiven Prognosen der Krypto-Experten taten ihr Übriges, um einen wahren Goldrausch bei den Anlegern hervorzurufen, der zuletzt Ende 2017 in einem Höhenflug des Bitcoin auf über 16.000 Euro gipfelte.

In den 90er Jahren gab es viele Versuche, eine digitale Währung zu schaffen. Systeme wie Flooz, Beenz und DigiCash kamen auf dem Markt, scheiterten aber unweigerlich. Gründe für ihre Misserfolge gab es viele, unter anderem Betrug, finanzielle Probleme und sogar Reibereien zwischen den Mitarbeitern der Unternehmen und ihren Vorgesetzten.

Anfang 2009 führte dann ein anonymer Programmierer oder eine Gruppe von Programmierern unter dem Decknamen "Satoshi Nakamoto" den Bitcoin ein. Satoshi beschrieb es als „Elektronisches Peer-to-Peer Bargeldsystem". Es gibt keine physische Komponente dieser Währung, d.h. weder "echte" Münzen noch Geldscheine. Die Währung ist zudem vollständig dezentralisiert, es sind keine Server und keine zentrale Kontrollinstanz beteiligt. Das Konzept ähnelt den Peer-to-Peer-Netzwerken für die gemeinsame Nutzung von Dateien.

Eines der wichtigsten Probleme, das jedes Bezahlsystem zu lösen hat, ist das doppelte Ausgeben des Geldes. Es ist natürlich Betrug, den gleichen Betrag zweimal auszugeben. Die traditionelle Lösung war eine vertrauenswürdige Drittpartei - ein zentraler Server - der die Salden und Transaktionen aufgezeichnet hat. Diese Methode brachte jedoch immer eine Kontrollinstanz mit sich, die im Wesentlichen die Kontrolle über alle Gelder und die persönlichen Daten der Nutzer hatte. In einem dezentralen Netzwerk, wie beim Bitcoin, muss jeder einzelne Teilnehmer diese Aufgabe übernehmen. Dies geschieht über die Blockchain - ein öffentliches Archiv bzw. sogenanntes "Ledger" aller Transaktionen, die jemals im Netzwerk stattgefunden haben und die für jeden zugänglich sind. So kann jeder im Netzwerk den Kontostand einsehen.

Jede Transaktion ist eine Datei, die aus den öffentlichen Schlüsseln des Absenders und Empfängers (Wallet-Adressen) und der Anzahl der übertragenen Coins besteht. Die Transaktion muss

Quelle: Cseh Ioan, https://www.alamy.com

auch vom Absender mit seinem privaten Schlüssel abgezeichnet
werden. All dies ist nur einfache Kryptographie. Schließlich wird
die Transaktion dann im Netzwerk übertragen, muss zunächst
aber noch bestätigt werden. Innerhalb eines Kryptowährungs-
netzwerkes können nur die Miner Transaktionen bestätigen, indem sie ein kryptographisches Rätsel lösen. Die Miner sind so
etwas wie die "Buchhalter" oder "Wirtschaftsprüfer" aller Transaktionen. Sie nehmen die Transaktionen entgegen, markieren sie
als legitim und verteilen sie über das Netzwerk. Danach fügt jeder Knoten des Netzwerks ihn in seine Datenbank ein. Sobald die
Transaktion bestätigt ist, wird sie unfälschbar und irreversibel
und ein Miner erhält eine Belohnung, zuzüglich der Transakti-
onsgebühren.

Viele Menschen, die sich mit der Materie der Kryptowährungen nicht auskennen, haben Bedenken, wie sicher die Anlage in
Kryptogeld überhaupt ist. Zudem fühlen sich viele unwohl dabei,
dass einmal gemachte Transaktionen nicht mehr rückgängig gemacht werden können. Schließlich gibt es ja keine Banken, die
das ermöglichen.

Kryptowährungen basieren auf Kryptographie: Sie sind nicht
durch Menschen oder Vertrauen abgesichert, sondern durch Ma-

thematik. Dadurch ist es wahrscheinlicher, dass ein Asteroid auf ein Haus fällt als dass eine Bitcoin-Adresse gefährdet ist.

WELCHE EIGENSCHAFTEN BESITZEN KRYPTOWÄHRUNGEN?

Bei der Beschreibung der Eigenschaften von Kryptowährungen müssen wir zwischen transaktionalen und monetären Eigenschaften unterscheiden. Die meisten Kryptowährungen haben zwar gemeinsame Eigenschaften, diese sind aber nicht in Stein gemeißelt.

Transaktionale Eigenschaften

Irreversibel: Nach der Bestätigung kann eine Transaktion nicht mehr verändert oder storniert werden. Von niemandem. Nicht von dir, nicht von deiner Bank, nicht von der Bundeskanzlerin, nicht von Satoshi, nicht von deinem Miner. Wenn du Geld schickst, schickst du es. Das bedeutet auch, dass dir niemand helfen kann, wenn du dein Geld an einen Betrüger geschickt oder wenn ein Hacker es von deinem Computer gestohlen hat. Es gibt kein Sicherheitsnetz.

Pseudonym: Weder Transaktionen noch Konten sind mit realen Identitäten verbunden. Du erhältst deine Bitcoins auf sogenannten Adressen, die aus zufällig erscheinenden Ketten von etwa 30 Zeichen (Buchstaben und Zahlen) bestehen. Normalerweise ist es möglich, den Transaktionsfluss zu analysieren, es ist aber nicht unbedingt möglich, die reale Identität der Benutzer mit diesen Adressen zu verbinden.

Schnell und global: Transaktionen werden sofort im Netzwerk verbreitet und in wenigen Minuten bestätigt. Da sie in einem globalen Netzwerk von Computern vorkommen, ist der Standort für die Transaktionen völlig irrelevant. Es spielt also keine Rolle, ob ich Bitcoin zu meinem Nachbarn oder zu jemandem am anderen Ende der Welt schicke.

Sicher: Kryptowährungsgelder sind in einem Kryptographie-System mit öffentlichem Schlüssel gesperrt. Nur der Besitzer des privaten Schlüssels kann Kryptowährung senden. Starke Kryptographie und die Magie der großen Zahlen machen es unmöglich, dieses Schema zu durchbrechen. Eine Bitcoin-Adresse ist sicherer als Fort Knox.

Ohne Erlaubnis: Du musst niemanden darum bitten, Kryptowährung benutzen zu dürfen. Es ist nur eine Software, die jeder kostenlos herunterladen kann. Nach der Installation kannst du Bitcoins oder andere Kryptowährungen empfangen und senden. Niemand kann dich daran hindern. Es gibt keinen Wächter oder Pförtner.

Monetäre Eigenschaften

Kontrollierte Versorgung: Die meisten Kryptowährungen begrenzen die Versorgung der Token. Als Token wird eine Kryptowährung bezeichnet, die auf einer vorhandenen Blockchain aufgebaut ist. In Bitcoin nimmt das Angebot mit der Zeit ab und wird um 2140 seine endgültige Zahl erreichen. Alle Kryptowährungen steuern die Versorgung der Token durch einen im Code geschriebenen Zeitplan. Das bedeutet, dass die Geldversorgung einer Kryptowährung in jedem Moment der Zukunft bereits heute grob berechnet werden kann. Es gibt keine Überraschung.

Keine Schulden, sondern Überbringer: Unter dem Begriff Fiatgeld versteht man Geld, das nicht juristisch durch reale Vermögenswerte geregelt werden kann, sondern vielmehr als Tauschmittel dient. Es wird auf deinem Bankkonto durch Schulden verursacht. Die Zahlen, die du auf deinem Konto sieht, stellen also nichts anderes als Schulden dar. Es ist ein IOU-System (phonetisch für engl.: I owe you (Ich schulde dir)), also eine Art Schuldschein. Kryptowährungen stellen keine Schulden dar. Sie repräsentieren sich selbst. Sie sind Geld so hart wie Goldmünzen.

Als Geld mit einem begrenzten, kontrollierten Angebot, das von einer Regierung, einer Bank oder einer anderen zentralen Institution nicht veränderbar ist, greifen Kryptowährungen den Umfang der Geldpolitik an. Sie nehmen den Zentralbanken die Kontrolle über die Inflation oder Deflation, indem sie die Geldmenge manipulieren.

WIE WERDEN KRYPTOWÄHRUNGEN GENERIERT?

Viele Menschen, die sich mit dem Thema Bitcoin beschäftigen, sind fasziniert von den Gewinnaussichten, die eine Investition in Bitcoin und in andere Kryptowährungen bietet.

Jedoch hat nicht jeder das nötige Kleingeld, um in Bitcoins zu investieren. Derzeit beträgt der Preis eines Bitcoins (Stand Januar 2021) um die 31.700 Euro. Wem das zu viel ist, für den ist das Mining eine gute Alternative. Damit bietet sich die Möglichkeit, ohne große eigene Investitionen vom Krypto-Boom zu profitieren. Eine Ausnahme könnte die Investition in zusätzliche Grafikkarten sein, aber dazu später mehr.

Um es einfach und kurz zu erklären: Mit Hilfe des Minings werden neue, digitale Coins am Computer erzeugt. Aber das ist natürlich noch lange nicht alles.

Krypto-Mining oder Cryptocurrency Mining umfasst im Wesentlichen zwei Funktionen:

- Das Hinzufügen von Transaktionen zur Blockchain (Sichern und Verifizieren)

- Das Freigeben eines neuen Coins. Einzelne Blöcke, die von Minern hinzugefügt werden, sollten einen Arbeitsnachweis oder PoW (Proof of Work) enthalten.

Das Mining von Coins benötigt einen Computer und ein spezielles Software-Programm, das die Miner bei der Lösung komplizierter, mathematischer Probleme unterstützt. Dies erfordert enorme Computerressourcen. In regelmäßigen Abständen versuchen Miner, einen Block von Transaktionsdaten mit Hilfe kryptographischer Hashfunktionen zu lösen.

Der Hashwert ist ein numerischer Wert fester Länge, der Daten eindeutig identifiziert. Miner nutzen ihren Computer, um sich auf einen Hashwert einzulassen, der kleiner ist als der des Ziels. Wer ihn als erstes knackt, wird als derjenige betrachtet, der den Block abgebaut hat und der berechtigt ist, eine Belohnung zu erhalten. Die Belohnung für den Abbau eines Blocks beträgt inzwischen 12,5 Bitcoins.

Früher dienten nur Kryptographie-Enthusiasten als Miner. Da Kryptowährungen jedoch an Popularität und an Wert gewonnen haben, gilt das Mining heute als lukratives Geschäft. Infolgedessen haben viele Personen und Unternehmen begonnen, in Lager und Hardware zu investieren. Als sich dann aber auch die großen Unternehmen in die Schlacht stürzten und viele einzelne Miner dadurch nicht mehr konkurrenzfähig waren, begannen die Bitcoin-Miner, sich offenen Pools anzuschließen und ihre Ressourcen zu bündeln, um effektiv zu bleiben. Ein komplettes Mining-Kit besteht aus Grafikkarten, Prozessor, Netzteil, Speicher, Verkabelung und einem Lüfter, der bei Amazon zwischen 1900 Euro und 3000 Euro kosten würde. Die drei besten Miner-Hardwarelösungen sind Avalon 6, AntMiner S7 und AntMiner S9. Da die vorhandenen Grafikprozessoren nicht leistungsfähig genug sind, sind die Miner jetzt auf anwendungsspezifische, integrierte Schaltkreise (engl. application-specific integrated circuits = ASICs) angewiesen. Um diesen Mangel zu umgehen, arbeiten Nvidia und AMD angeblich an GPUs, die speziell für diesen Zweck eingesetzt werden können. Die beiden Unternehmen, die im Bereich Consumer-Mining-Hardware dominieren, sind Canaan und Bitmain. Bitmain, mit Sitz in Peking, ist sowohl im Mining als auch in der Herstellung von Mining-Hardware tätig.

Das Mining von Kryptowährungen ist mühsam, teuer und nur sporadisch lohnend. Dennoch hat das Mining für viele Investoren, die sich für Kryptowährung interessieren, eine magische

Anziehungskraft. Dies kann sein, weil unternehmerische Typen Mining als eine Art Geldregen ansehen wie die Goldsucher von 1848 in Kalifornien. Wenn man dazu noch technisch interessiert ist – Warum nicht? Bevor du aber deine Zeit und dein Geld in Ausrüstung investierst, lies dir diese Erklärung erst bis zum Ende durch, um zu sehen, ob das Mining wirklich etwas für dich ist.

Im Folgenden werden wir uns vor allem auf den Bitcoin konzentrieren. Der Sinn und Zweck hinter dem Bitcoin ist, eine Möglichkeit anzubieten, einen monetären Wert online auszutauschen, ohne sich auf zentralisierte Vermittler wie Banken verlassen zu müssen. Stattdessen wird die notwendige Buchhaltung dezentral in einer „Blockchain" geführt, einem sich ständig erweiternden Archiv, das die Transaktionshistorie aller Bitcoins im Umlauf hält und auf den Tausenden von Rechnern im Bitcoin-Netzwerk lebt.

Doch wenn es keine zentrale Behörde gibt, wer soll dann entscheiden, welche Transaktionen gültig sind und in die Blockchain aufgenommen werden sollen? Und wie kann man sicherstellen, dass das System nicht ausgetrickst werden kann, indem man z.B. den gleichen Bitcoin zweimal ausgibt? Die Antwort ist wiederum das Mining. Circa alle zehn Minuten sammeln Mining-Computer ein paar hundert ausstehende Bitcoin-Transaktionen (einen „Block") und verwandeln sie in ein mathematisches Rätsel. Der erste Miner, der die Lösung findet, kündigt sie den anderen im Netzwerk an. Die anderen Miner prüfen dann, ob der Geldgeber das Recht hat, das Geld auszugeben und ob die Lösung des Rätsels richtig ist. Wenn genügend von ihnen ihre Zustimmung erteilen, wird der Block kryptographisch in die elektronische Plattform, dem Ledger aufgenommen und die Miner gehen zum nächsten Satz von Transaktionen über (daher der Begriff "Blockchain" / „Blockkette"). Der Miner, der die Lösung als Erster gefunden hat, erhält die bereits erwähnten 12,5 Bitcoins als Belohnung, aber erst, nachdem weitere 99 Blöcke in das Transaktionskonto aufgenommen wurden. All dies gibt den Minern einen Anreiz, am System teilzunehmen und Transaktionen zu validieren.

Wenn man die Miner zwingt, Rätsel zu lösen, um das Konto zu ergänzen, bietet das folgenden Schutz: Um einen Bitcoin zu verdoppeln, müssten digitale Bankräuber die Blockchain neu schreiben. Um das tun zu können, müssten sie mehr als die Hälfte der Rätsellösungskapazität des Netzwerks kontrollieren. Ein solcher „51%-Angriff" wäre unerschwinglich: Bitcoin-Miner verfügen heute über 13.000 Mal mehr Rechenleistung als die 500 größten Supercomputer der Welt. Doch so schlau es auch ist, hat das System auch Schwächen. Eine davon ist die schnelle Konsolidierung. Die größte Miningleistung wird heute von „Mining-Pools" bereitgestellt, großen Gruppen von Minern, die ihre Rechenleistung kombinieren, um die Chance auf eine Belohnung zu erhöhen. Da die Mining-Pools größer geworden sind, scheint es nicht mehr undenkbar, dass einer von ihnen genügend Kapazität für einen 51%igen Angriff aufbringt. Im Juni 2014 ließ ein Pool, GHash.IO, die Bitcoin-Community durch kurzes Berühren dieses Levels erschrecken, bevor einige Nutzer freiwillig in andere Pools wechselten. Wenn der Bitcoin-Preis sinkt, könnte die Konsolidierung zu einem größeren Problem werden. Einige Miner geben dann auf, wenn die Belohnungen des Bergbaus die Kosten nicht mehr decken. Einige befürchten, dass sich das Mining dann nur noch auf einige wenige Länder konzentrieren wird, in denen Strom billig ist, wie z.B. in China oder den USA, wodurch eine feindliche Regierung die Kontrolle über Bitcoin übernehmen kann. Andere wiederum sagen voraus, dass das Mining als Monopol enden wird - genau das Gegenteil des dezentralen Systems, das Herr Nakamoto geschaffen hat.

Miner werden also für ihre Arbeit als "Wirtschaftsprüfer" bezahlt: sie verifizieren frühere Bitcoin-Transaktionen. Diese Konvention soll Bitcoin-Nutzer ehrlich halten. Durch die Überprüfung der Transaktionen tragen die Miner dazu bei, das „Problem des doppelten Ausgebens" zu vermeiden.

Doppeltes Ausgeben bedeutet, wie der Name schon sagt, dass ein Bitcoin-Nutzer das gleiche Geld zweimal, also illegal ausgibt. Mit physischer Währung ist das kein Problem. Sobald du jemandem einen 20 Euro Schein gibst, um eine Flasche Whiskey zu kaufen, hast du ihn nicht mehr. Es besteht also keine Gefahr, dass du die gleichen 20 Euro noch einmal benutzen könntest, um beispielsweise Lottoscheine nebenan zu kaufen. Bei der digitalen Währung besteht jedoch die Gefahr, dass der Inhaber eine Kopie des digitalen Tokens anfertigt und ihn unter Beibehaltung des Originals an einen Händler oder eine andere Partei schickt.

Nehmen wir an, du hättest einen echten 20 Euro Schein und eine wirklich gute Fotokopie von diesen 20 Euro. Wenn jemand versuchen würde, sowohl den echten, als auch den gefälschten Schein auszugeben, könnte man die Seriennummern der beiden Scheine miteinander vergleichen. Man würde feststellen, dass es sich um die gleiche Nummer handelt und deswegen muss einer der beiden Scheine falsch sein.

Was ein Bitcoin-Miner also tut, ist analog dazu die Transaktionen zu überprüfen, um sicherzustellen, dass Benutzer nicht unrechtmäßig versuchen, denselben Bitcoin zweimal auszugeben. Sobald ein Miner 1 MB (Megabyte) an Bitcoin-Transaktionen verifiziert hat, ist er berechtigt, die 12,5 Bitcoin (BTC) zu gewinnen. Das Limit von 1 MB wurde von Satoshi Nakamoto festgelegt und ist umstritten, da einige Miner glauben, dass die Blockgröße erhöht werden sollte, um mehr Daten aufzunehmen.

Die Überprüfung von Transaktionen im Wert von 1 MB berechtigt einen Miner zwar dazu, Bitcoin zu verdienen, aber nicht jeder, der Transaktionen überprüft, wird ausgezahlt. 1 MB Transaktionen können theoretisch so klein sein wie 1 Transaktion (obwohl dies überhaupt nicht üblich ist) oder mehrere Tausend. Es hängt davon ab, wie viele Daten die Transaktionen in Anspruch nehmen.

Nach all der Arbeit bekommt der Miner also nicht einmal garantiert einen Bitcoin dafür.

Um die Belohnung für das Minen der Bitcoins zu verdienen, muss man zwei Bedingungen erfüllen. Mal ist es eine Frage der Anstrengung, mal ist es eine Frage des Glücks.

1. Man muss den Wert von ~1 MB der Transaktionen überprüfen. Das ist der einfache Teil.

2. Man muss der erste Miner sein, der die richtige Antwort auf ein numerisches Problem findet.

Die gute Nachricht: Es ist keine fortgeschrittene Mathematik oder Berechnung erforderlich. Du hast bereits gehört, dass Miner schwierige mathematische Probleme lösen, das stimmt allerdings nicht so ganz. Was sie tatsächlich tun, ist zu versuchen, der erste Miner zu sein, der eine 64-stellige Hexadezimalzahl (einen „Hash") findet, die kleiner oder gleich dem Zielhash ist. Es ist im Grunde genommen ein Ratespiel.

Die schlechte Nachricht: Weil es ein Rätselraten ist, braucht man viel Rechenleistung, um erstmal dorthin zu kommen. Um erfolgreich abzubauen, braucht man eine hohe „Hashrate", gemessen in Megahashes pro Sekunde (MH/s), Gigahashes pro Sekunde (GH/s) und Terahashes pro Sekunde (TH/s).

Wenn du schätzen willst, wie viele Bitcoins du mit der Hashrate deiner Mining-Anlage abbauen kannst, dann bietet die Seite Cryptocompare einen hilfreichen Rechner. Die Wahrscheinlichkeit, dass ein Teilnehmer die Lösung findet, ist gleich dem Anteil an der gesamten Mining-Leistung im Netzwerk. Teilnehmer mit einem geringen Anteil an der Mining-Leistung haben eine sehr geringe Chance, den nächsten Block auf eigene Faust zu entdecken. Selbst eine Mining-Grafikkarte, die man für über tausend Euro kaufen kann, würde weniger als 0,001% der Mining-Leistung des Netzwerks ausmachen. Bei einer so geringen Chance, den nächsten Block zu finden, könnte es lange dauern, bis der Miner einen Block findet. Zudem steigt der Schwierigkeitsgrad von Mal zu Mal. Der Miner würde seine Investition wohl nie wieder reinholen. Die Antwort auf dieses Problem ist ein Mining-Pool.

Mining-Pools werden von Dritten betrieben und koordinieren ganze Gruppen von Minern. Durch die Zusammenarbeit in einem Pool und die Aufteilung der Auszahlungen unter den Teilnehmern können die Miner ab dem Tag, an dem sie ihren Miner aktivieren, einen konstanten Fluss von Bitcoins erhalten. Statistiken über einige der Mining-Pools sind auf Blockchain.info zu sehen. Mining-Pools sind in China konzentriert, wo 81 Prozent der Hashrate des Netzes liegen. Für Unternehmen wie AMD und Nvidia, die eine marktbeherrschende Stellung im Gaming-Chip-Markt einnehmen, ist eine Fokussierung abseits des Kerngeschäfts nicht unbedingt sinnvoll. Wie man aber sieht, müssen diese Unternehmen möglicherweise neue GPUs herausbringen, die ausschließlich für den Zweck des Kryptominings entwickelt wurden, um eine echte Bedrohung für die ASIC-Chips darzustellen. China ist hier aufgrund ihrer kostengünstigen Marktpositionierung ideal geeignet. Wie rentabel die Ausgaben für solche exklusiven Chips sind, ist umstritten. Zusätzlich denken nationale Regierungen und Börsen über die Regulierung des gesamten Bereichs der Kryptowährungen nach. Japan hat vor kurzem Gesetze zum Schutz der Benutzer eingeführt, nachdem der in Tokio ansässige Bitcoin-Exchange Mt. Gox im Jahr 2014 zusammengebrochen war. Auch die Einführung von Steuern, wie der Kapitalertragsteuer auf Bitcoin-Verkäufe, kann die Kryptowährungsindustrie behindern.

Wie bereits erwähnt, ist der einfachste Weg, einen Bitcoin zu erwerben, ihn an einer Börse wie Coinbase.com zu kaufen. Alternativ kannst du jederzeit die „Spitzhacken-Strategie" nutzen. Diese basiert auf der alten Sage, nach der es während des Goldrausches von 1848 in Kalifornien die weitaus bessere Investition war, nicht nach Gold zu suchen, sondern die für den Bergbau verwendeten Spitzhacken herzustellen. Oder, um es modern auszudrücken, investiere in die Unternehmen, die diese Spitzhacken herstellen. In einem Krypto-Kontext wäre das Spitzhacken-Äquivalent ein Unternehmen, das Ausrüstungen für den Bitcoin-Bergbau herstellt. Du kannst dir die Unternehmen ansehen, die ASICs Miner oder GPU Miner herstellen. Zu den Unternehmen, die diese Produkte herstellen, gehören AMD und Nvidia.

Das Mining von Kryptogeld ist also insgesamt ein Wettrüsten, das frühe Anwender belohnt. Seit Bitcoin haben sich unzählige ähnliche digitale Währungen in den weltweiten Markt eingeschlichen, darunter ein Spin-off von Bitcoin namens Bitcoin Cash. Du kannst aber immer noch in den Kryptowährungsrausch einsteigen, wenn du dir die Zeit nimmst, die Grundlagen richtig zu erlernen.

WIE UND WO KANN MAN KRYPTOWÄHRUNGEN KAUFEN?

In diesem Abschnitt geht es darum, wie man eine Kryptowährung kauft bzw. wie man einen Bitcoin gegen einen anderen Coin, einen sogenannten "Altcoin" tauscht.

Quelle: https://cryptoakademie.com

Du erhältst hier eine Schritt-für-Schritt Anleitung, um dies genau umsetzen und deinen ersten Altcoin (= alternativen Coin - eine digitale Währung, die nicht Bitcoin ist) kaufen zu können.

Es gibt viele verschiedene Möglichkeiten, wenn es um den Kauf von Bitcoins geht. So gibt es derzeit über 1.700 Bitcoin-Geldautomaten in 58 Ländern. Darüber hinaus kann man BTC mit Geschenkkarten, über Investment Trusts und teils sogar im Einzelhandel kaufen.

Wenn es um andere, weniger beliebte Kryptowährungen geht, sind die Kaufoptionen nicht ganz so vielfältig. Es gibt jedoch noch zahlreiche Tauschbörsen, an denen du verschiedene Kryp-

---

towährungen für Fiatwährungen oder Bitcoins erwerben kannst. Face-to-Face-Handel ist auch ein beliebter Weg, um digitale Coins zu erwerben. Die Kaufoptionen hängen von bestimmten Kryptowährungen, deren Beliebtheit sowie deinem Standort ab.

Von außen betrachtet sieht das, was in der Krypto-Community vor sich geht, ziemlich surreal aus. Zwischen der wahnsinnigen Preisvolatilität unseres goldenen Kindes Bitcoin, der Geschwisterrivalität zwischen Ethereum (ETH) und Ethereum Classic (ETC) und der Gefahr von Exchange-Hacks (wenn man sich Gox-Finex ansieht) mag es wie ein ziemliches Risiko erscheinen, am Kauf und Verkauf von Kryptowährungen teilzunehmen.

Schritt 1: Kaufe deinen ersten Bitcoin

Es gibt verschiedene Dienste, die du nutzen kannst. Ich empfehle CoinBase.com, da es am einfachsten zu benutzen ist. Daneben gibt es Circle, Shapeshift und Local Bitcoin für diejenigen, die beim Kauf lieber anonym bleiben möchten.

Verwende einfach die Papierwährung deiner Wahl, um eine beliebige Stückelung von Bitcoin, 1 Satoshi (0.0000000001 BTC), 1 Bit (0.00000100 BTC), 1 mBit (0.00100000 BTC) und einen ganzen Bitcoin (1.0000000000 BTC) zu kaufen.

Schritt 2: Hole dir deine Bitcoin Wallet

Eine der wichtigsten Regeln beim Umgang mit Kryptowährungen ist es, niemals jemand anderem die Verantwortung für deine Coins zu überlassen. Das bedeutet, dass du dir eine eigene Wallet besorgen und den Überblick über die privaten Schlüssel behalten musst. Du kannst eine Bitcoin-Wallet aus verschiedenen Quellen erhalten, aber ich persönlich empfehle dir "Breadwallet", wenn du iPhone-Nutzer bist. Es ist das, was ich selber auf meinem iOS verwende. Du kannst aber ebenso www.blockchain.com verwenden. Es gibt Hardware Wallets (die sicherste Art, große Mengen an digitalen Coins aufzubewahren) wie www.bitcointrezor.com oder www.ledgerwallet.com und du kannst deine Coins sogar in "Papier-Geldbörsen" (Paper Wallets) aufbewahren. Denke aber bitte daran, deine privaten Schlüssel nicht zu verlegen, sonst ist deine Investition für immer verloren!

Schritt 3: Auswahl eines Exchange und Exchange Services

Jetzt, wo du deinen ersten Bitcoin bekommen hast, ist es an der Zeit, eine Exchange-Plattform zu wählen. Es gibt viele Krypto-Börsen, also nutze Google, um diejenige zu finden, die dir am besten gefällt. Ich persönlich nutze https://binance.com, aber ich weiß, dass andere https://poloniex.com bevorzugen. Typischerweise ist ein Exchange der Ort, an dem man Altcoins kaufen kann.

Einige Altcoins sind besser als andere. Ethereum (ETH) ist ein sehr beliebter Altcoin, ebenso wie Dash und natürlich Steem. Du kannst diese Coins an so ziemlich jeder Krypto-Börse kaufen.

In jedem Fall musst du zuerst etwas von deinem Bitcoin an die Börse schicken, damit du dies zum Kauf der Altcoins verwenden kannst. Sobald du das getan hast, wird dein BTC in einer „Hot-Wallet" aufbewahrt und ist bereit, ausgegeben zu werden.

Die Börse wird dein BTC-Guthaben so lange im Auge behalten, wie du es dort aufbcwahren willst. Weitere Dienstleistungen der Börsen sind aktuelle Crypto-Charts und der Margenhandel.

Schritt 4: Kaufe deinen Altcoin

Dieser Teil ist ziemlich einfach. Um Altcoins zu kaufen, muss jemand verkaufen! Also navigiere zum Ledger und siehe nach, wie hoch der Preis für deinen Wunschcoin ist.

Wenn du deinen Kaufauftrag oder ein Gebot auf einen höheren Preis als den niedrigsten Preis (Verkäuferpreis) setzt, wird er in der Regel sehr schnell ausgeführt. Wenn nicht, musst du möglicherweise etwas warten, bis deine Bestellung ausgeführt wird. Sobald jemand dein Gebot annimmt, wird der Auftrag ausgeführt und du findest diesen Altcoin dann in deiner Wallet an der entsprechenden Börse, über die du den Kauf getätigt hast.

Schritt 5: Verkaufe deinen Coin

Sobald der Preis deines Coins bis zu einem Punkt gestiegen ist, an dem du mit dem Verkauf zufrieden bist (oder er auf einen Preis gefallen ist, an dem du deine Verluste reduzieren und laufen lassen willst), musst du einen Preis festlegen, zu dem dein Handel ausgeführt werden soll. Du kannst einen ganzen Coin auf einmal verkaufen, doch die meisten Leute machen einen Sammelverkauf über einen bestimmten Betrag, um Preisschwankungen abzufangen. Wenn ein Käufer deinen Briefkurs akzeptiert, wird der Handel ausgeführt und deine Bitcoin-Geldbörse wird mit den Bitcoins des Käufers gefüllt.

WELCHES SIND DIE VIELVERSPRECHENDSTEN KRYPTOWÄHRUNGEN?

Mittlerweile gibt es über 1600 verschiedene Kryptowährungen, doch nicht alle werden erfolgreich. Hier möchte ich dir kurz 13 der bekanntesten und wichtigsten Kryptowährungen vorstellen.

1. **Bitcoin**

   Die erste Kryptowährung, mit der alles begann. Ist seit seiner Initiierung im Jahre 2009 immer stetig im Wert gestiegen.

2. Ethereum

Eine vollständig programmierbare Währung, mit der Entwickler verschiedene verteilte Anwendungen und Technologien entwickeln können, die mit Bitcoin nicht funktionieren würden.

3. Ripple

Im Gegensatz zu den meisten Kryptowährungen verwendet es keine Blockchain, um einen netzwerkweiten Konsens für Transaktionen zu erreichen. Stattdessen wird ein iterativer Konsensprozess implementiert, der ihn schneller als Bitcoin, aber auch anfällig für Hackerangriffe macht.

4. Bitcoin Cash

Ein Ableger von Bitcoin, der von der größten Bitcoin-Mininggesellschaft und einem Hersteller von ASICs Bitcoin-Miningchips unterstützt wird. Dieser Coin existiert erst seit einigen Monaten, ist aber bereits unter die ersten fünf Kryptowährungen in Bezug auf die Marktkapitalisierung aufgestiegen.

5. NEM

Im Gegensatz zu den meisten anderen Kryptowährungen, die einen Proof of Work-Algorithmus verwenden, verwendet diese den Proof of Importance-Algorithmus. Bei diesem müssen die Benutzer bereits bestimmte Mengen an Coins besitzen, um neue erhalten zu können. Es ermutigt die Benutzer, ihre Gelder auszugeben und verfolgt die Transaktionen, um festzustellen, wie wichtig ein bestimmter Benutzer für das gesamte NEM-Netzwerk ist.

6. Litecoin

Eine Kryptowährung, die mit der Absicht geschaffen wurde, das „digitale Silber" im Vergleich zu Bitcoins „digitalem Gold" zu sein. Es ist ebenfalls ein Ableger von Bitcoin, doch im Gegensatz zu seinem Vorgänger kann er Blöcke viermal schneller erzeugen und hat viermal die maximale Anzahl an

Münzen bei 84 Millionen.

7. IOTA

Die bahnbrechende Ledger-Technologie dieser Kryptowährung heißt ‚Tangle' und erfordert, dass der Absender in einer Transaktion einen Proof of Work durchführt, der zwei Transaktionen genehmigt. So hat IOTA engagierte Miner aus dem Prozess entfernt.

8. EOS

EOS kam im im Juni 2017 auf den Markt und ist einerseits eine Kryptowährung, andererseits aber auch eine allgemeine Plattform für Blockchain-basierte Anwendungen.

9. Dash

Bei Dash handelt es sich um ein zweistufiges Netzwerk. Die erste Schicht besteht aus Minern, die das Netzwerk sichern und Transaktionen aufzeichnen, während die zweite Schicht aus ‚Masternodes' besteht, die Transaktionen weiterleiten und den Transaktionstyp InstantSend und PrivateSend aktivieren. Ersteres ist deutlich schneller als Bitcoin, während Letzteres völlig anonym ist.

10. Zcash (ZEC)

Zcash ist Bitcoin sehr ähnlich, jedoch mit einigen anderen Features. Wie Bitcoin basiert sie auf einer dezentralen Blockchain, ermöglicht aber die Anonymität hinter den Transaktionsbeträgen und Beteiligten.

11. Qtum

Qtum ist eine Fusion der Technologien von Bitcoin und Ethereum für Geschäftsanwendungen. Das Netzwerk zeichnet sich durch die Zuverlässigkeit von Bitcoin aus und ermöglicht gleichzeitig die Nutzung von intelligenten Verträgen und verteilten Anwendungen, so wie es innerhalb des Ethereum-Netzwerks funktioniert.

12. Monero

Eine Kryptowährung mit privaten Transaktionsmöglichkeiten und einer der aktivsten Communities, die durch ihre offenen und datenschutzorientierten Ideale geprägt ist.

13. Ethereum Classic

Eine Originalversion von Ethereum. Die Spaltung erfolgte, nachdem eine dezentrale, autonome Organisation, die auf dem ursprünglichen Ethereum aufgebaut war, gehackt wurde.

WIE SOLLTEST DU JETZT GENAU IN KRYPTOWÄHRUNGEN INVESTIEREN?

Die meisten Menschen, das betrifft Aktien-, Währungs- und Immobilien-Märte ebenso wie Kryptowährungen, kaufen fast am Höchstpunkt des Marktzyklus, denn hier sieht man in kurzer Zeit massiv steigende Preise und kann sich kaum noch vorstellen, dass die Kurse jemals wieder fallen könnten. Genau dieselben Anleger verkaufen ihre Werte mit großem Verlust in den absteigenden Phasen, in der Überzeugung, dass dieses Investment das schlechteste ihres Lebens war und sie möglichst viele Menschen vor den Verlustrisiken warnen und davon abhalten müssen, ihren eigenen Fehler zu wiederholen. Sicher bist auch du schon von Menschen in deinem Umfeld und in den Medien mehrfach davor gewarnt worden, in diese riskanten und volatilen Kryptowährungen wie Bitcoin zu investieren. Meist haben diese Menschen jedoch entweder nie investiert und berufen sich nur auf die Erfahrungen anderer oder sie haben eben genau diesen Zyklus auf die geschilderte Weise durchlaufen und daher Geld verloren. Demgegenüber hat mein Freund Daniel im Sommer 2017 1.000 Euro in die Blockchain-Projekte EOS und IOTA investiert. Sein Portfolio wuchs bis Mai 2018 auf mehr als 22.000 Euro!

Du kennst sicher Andre Kostolanys berühmten Börsenspruch: "Kaufen Sie Aktien, nehmen Sie Schlaftabletten und schauen Sie die Papiere nicht mehr an. Nach vielen Jahren werden Sie sehen: Sie sind reich."

Es kann natürlich sein, wie viele vermuten, dass der Preis in wenigen Jahren bei $50,000 pro Bitcoin liegen wird. Wenn man sich aber den Bitcoin-Dollar-Chart der letzten Jahre anschaut, stellt sich die Frage, ob man die Volatilität beim "Kaufen und Halten" wirklich ohne Nervenzusammenbruch aushalten könnte. Ist es nicht deutlich erstrebenswerter, erfahrene Krypto-Profis an der Hand zu haben, damit du selbst als gut ausgebildeter Trader und Investor selbstständig fundierte Investment-Entscheidungen treffen kannst, wann du ein- oder aussteigen, welche Werte du langfristig halten, mit welchen du traden oder welche Werte du immer wieder günstig kaufen und etwas teurer verkaufen willst?

Wir haben eine sehr hochwertige, praxisnahe vierteilige Videoserie erstellt, die wir dir gerne als kostenfreien Einführungskurs zukommen lassen möchten. Vor allem dürfte unser Interview mit unserem seit 15 Jahren erfolgreichen Daytrader Guido und unserem Fundamentalanalysten und ICO-Experten Chris besonders spannend für dich sein.

Von beiden kannst du enorm profitieren, um selbst mit Hilfe finanzieller Intelligenz frühzeitig in den Phasen 1 und 2 einer Rallye einzusteigen und eben nicht, wie die meisten, erst kurz vor der Überhitzung und dem Einbruch der Preise. Ich bin der festen Überzeugung, dass nur diejenigen Unternehmen und Organisationen langfristig am Markt bestehen können, die bereit sind, erst einmal ihren Wert unter Beweis zu stellen. Und darum gehen wir heute in Vorleistung, um dein Vertrauen dafür zu gewinnen, dass unsere Cryptoakademie für dich der richtige Ort sein kann, um zu einem erfolgreichen Trader und Investor für Kryptowährungen zu werden. Selbst eine Reise von tausend Meilen beginnt mit dem ersten Schritt.

Gehe auf die Seite https://cryptoakademie.com/lea und trage dich dort für unseren kostenlosen Einsteigerkurs ein. Du gehst hiermit kein Risiko ein, sondern lernst einfach, wie du mit den Strategien der besten Trading- und Investment-Profis auf Basis der Fundamentalanalyse und Chart-analyse nachhaltig erfolgreich Gewinne machen kannst.

Über die Herausgeber

―――――

Als Autoren dieses Buches liegt es uns besonders am Herzen, dir dabei zu helfen, deine Projekte möglichst effizient auf die Straße zu bringen. Bodo Schäfer fragte uns einmal auf einem unserer Events in St. Tropez im September 2017, was uns wirklich motiviert: "Wenn wir morgens den Rechner anmachen, ein Bild auf Facebook oder Instagram finden und sehen, wie jemand am Strand unser Buch liest, um im Leben weiterzukommen – dann wissen wir, dass wir etwas richtig gemacht haben und dann geben wir weiter Vollgas".

Thomas Klußmann

Seit 2002 spezialisiere ich mich auf den Online Marketing Bereich. Ich leitete Teams, etablierte eigenständige Projekte und erwarb bei sieben verschiedenen Unternehmen vor, während und nach meinem BWL-Studium fundierte Fachkenntnisse.

Seit 2011 bin ich zudem Referent und Coach. Mit meinem Unternehmen Gründer.de betreute ich mittlerweile über 100.000 Kunden im deutschsprachigen Raum. 2016 bekam Gründer.de ein völlig neues Redesign und gemeinsam mit meinem Geschäftspartner Christoph J. F. Schreiber etablierte ich im August 2017 mit Digital Beat eine neue Dachmarke. Bis heute wuchs das Team auf über 40 Mitarbeiter und es entstanden mit dem Gründerkongress, dem Erfolgskongress und später auch mit dem Finanzkongress neue richtungsweisende Eventformate in Deutschland, die jeweils über 50.000 Teilnehmer anziehen.

Christoph J. F. Schreiber

Christoph J. F. Schreiber ist Unternehmer und Genussmensch. Seine Passion ist der Aufbau neuer florierender Geschäftsmodelle. Insgesamt hat er mittlerweile 8 Unternehmen gegründet. Ein normaler Job kam für ihn nie in Frage und so probierte er sich schon früh in verschiedensten Bereichen aus. Schon als Kind zählten der Flohmarktstand und Monopoly zu seinen Lieblingsspielen.

Erste ernstzunehmende Erfolge stellten sich während seines Studiums an der Heinrich Heine Universität ein, als er dort gemeinsam mit Kommilitonen die gleichnamige studentische Unternehmensberatung gründete, zu deren Kunden schnell auch Dax Konzerne, wie Henkel oder E.on zählten. Einige Jahre später sollte gemeinsam mit seinem neuen Geschäftspartner Thomas Klußmann das Portal Gründer.de folgen. Gründer.de startete 2011 und hat sich seitdem stetig weiter entwickelt und konnte gerade in den letzten Jahren unter der Dachmarke Digital Beat, zu der zahlreiche weitere Marken gehören, nochmal einen deutlich Wachstumssschub verzeichnen. Digital Beat führt Christoph aktuell gemeinsam mit Thomas jeweils als CEO & Inhaber.

FINANZKONGRESS.DE

Du bist auf der Suche nach einem Weg, dein Geld gewinnbringend anzulegen?

Profitiere von dem Erfahrungsschatz erfolgreicher Experten aus der Finanzbranche. Unsere Referenten zeigen dir, wie du auch in Zeiten negativer Zinsen dein Vermögen vermehren kannst. Unsere Experten verfügen über jahrelange Geschäftserfahrung und können daher konkrete Tipps geben, welche du für deine Investition berücksichtigen solltest. Erfahre alles über die erfolgreichsten Anlagestrategien in Form von Aktien, Immobilien, Indexfonds (ETFs) oder Kryptowährungen sowie weitere spannenden Inhalte zu den Themen Immobilien, Rohstoffe, Portfoliomanagement und Finanzielles Mindset. Wir decken alle Themenbereiche ab, die du für deine perfekte Anlagestrategie benötigst – jeweils mit erfolgreichen Finanzexperten.

Das solltest du also auf keinen Fall verpassen!

Besuche uns unter:

 www.finanzkongress.de

Hier findest du alle Informationen und Terminen zu dem nächsten Finanzkongress. Wir freuen uns, dich auf unserem Kongress begrüßen zu dürfen!

Die Ninja-Rente:

Finanzielle Unabhängigkeit in 8 Jahren

Manche strampeln sich ein Leben lang ab, arbeiten 40 Stunden pro Woche, teilweise 50 Jahre lang, ...nur um dann im Alter zu merken, dass das Geld trotzdem nicht reicht. Wir tauschen 5 Tage Arbeit gegen 2 Tage Wochenende. Ist das ein fairer Tausch?

Mit den Regeln der Ninja-Rente verkürzt du die Zeit bis zur Rente nicht nur von 50 auf 8 Jahre, sondern du bist am Ende sogar finanziell frei und unabhängig. Und das Ganze ohne Produkte zu verkaufen, Webseiten zu erstellen oder noch härter zu arbeiten. Was erwartet dich bei der Ninja-Rente?

Die Ninja-Rente

Dein Finanzplan für maximale Rendite

- Die 30 Strategien der Ninja-Rente
- 47 Kapitel für deinen Vermögensaufbau - Vom finanziellen Mindset bis hin zu erfolgreichen Anlagestrategien
- 12 topaktuelle Reportings zu Investments in der Krise
- 4 Module: Die dich Schritt-für-Schritt zur finanziellen Freiheit und Unabhängigkeit in 8 Jahren begleiten
- **Bonus 1**: Exklusive Finanztipps zur Krise von Dr. Dr. Rainer Zitelmann, Stefanie Schädel und Philipp J. Müller
- **Bonus 2:** Tools und Hacks zur Finanzanalyse
- **Bonus 3:** Die 10 besten Vorträge vom Finanzkongress 2020 von unter anderem Philipp J. Müller, Dr. Gerd Kommer, Jana Misar, Gerhard Artmann und Gerald Türmer.

Sichere dir die Ninja-Rente, damit auch du in 8 Jahren in Rente gehen kannst.

www.finanzkongress.de/rente

Das mächtigste Instrument für mehr Umsatz

14 EVENTS IN EINEM!

- Conversion Optimierung
- E-Mail Marketing
- Storytelling
- Verkaufspsychologie
- Funnel Design
- Branding / Positionierung
- PPC: Facebook Ads, Instagram Ads, Google Adwords ...

- SEO
- Social Media Marketing
- Affiliate Marketing / Partner Marketing
- Influencer Marketing
- Chatbots
- Podcast
- Amazon FBA

EXZELLENTES MARKETING

Nur exzellentes Marketing kann zu erheblichen Umsa... steigerungen führen. Und genau das bekommst du a... der Contra.

Maximiere deinen Umsatz jetzt. Steigere deine Kaufra... ten und erhalte nachweisli... mehr Besucher.

Haftungsausschluss

Haftung für Inhalte

Die in diesem Buch veröffentlichten Beiträge dienen der allgemeinen Information und nicht der Beratung in konkreten Fällen. Sie können daher auch nicht das persönliche Gespräch mit Banken, Finanz-, Anlagen- oder Steuerberatern ersetzen. Die genannten Strategien sind freibleibend und unverbindlich, die Autoren können keine absolute Garantie für deinen Erfolg versprechen. Für damit einhergehende Risiken wie beispielsweise Emittenten-, Kurs-, Marktpreis-, Währungs- oder psychische Risiken haften die Verfasser nicht.

Die Autoren übernehmen keine Gewähr für die Aktualität, Richtigkeit und Vollständigkeit der bereitgestellten Informationen. Haftungsansprüche für die Inhalte sind grundsätzlich ausgeschlossen, sofern Fehlinformationen nicht von den Autoren vorsätzlich oder grob fahrlässig verursacht wurden.

Haftung für Links

Für die im Buch erwähnten Links und den Inhalt der entsprechenden Webseiten sind ausschließlich die Betreiber der Webseite selbst verantwortlich. Auf die aktuelle und zukünftige Gestaltung der verlinkten Inhalte haben die Autoren keinen Einfluss. Zum Zeitpunkt der erstmaligen Linksetzung wurden die fremden Inhalte überprüft und keinerlei Rechtswidrigkeiten erkannt.

Urheberrecht

Die durch die Autoren erstellten Inhalte unterliegen dem deutschen Urheberrecht. Beiträge, Grafiken und Statistiken Dritter sind als solche gekennzeichnet. Die Vervielfältigung und Verbreitung der Inhalte sowie alle weiteren Arten der Verwertung, die über die Grenzen des Urheberrechts gehen, sind ohne schriftliche Zustimmung der Autoren nicht gestattet.

Impressum

Digital Beat GmbH
Hansaring 97, 50670 Köln

www.digitalbeat.de